Albert Frey

Für den König

Auf dem Weg zum ganzen Mann

SCM R.Brockhaus

SCM

Stiftung Christliche Medien

Die Edition

AufAtmen

erscheint in Zusammenarbeit zwischen
SCM R.Brockhaus im SCM-Verlag, Witten
und dem Bundes-Verlag, Witten.
Herausgeber: Ulrich Eggers

MIX
Papier aus verantwor-
tungsvollen Quellen
FSC® C006701
FSC
www.fsc.org

© 2011 SCM R.Brockhaus im SCM-Verlag GmbH & Co. KG · Bodenborn 43 · 58452 Witten
Internet: www.scm-brockhaus.de; E-Mail: info@scm-brockhaus.de

Die Bibelverse sind folgender Ausgabe entnommen:
Einheitsübersetzung der Heiligen Schrift, © 1980 Katholische Bibelanstalt, Stuttgart.

Umschlaggestaltung: Yellow Tree Kommunikationsdesign, www.ytdesign.de
Titelbild: fotolia.com (chesterF)
Satz: Burkhard Lieverkus, Wuppertal | www.lieverkus.de
Druck und Bindung: CPI – Ebner & Spiegel, Ulm
Gedruckt in Deuschland
ISBN 978-3-417-26439-5
Bestell-Nr. 226.439

INHALT

Vorwort

»Du bist der Mann!« – das muss sich David vom Propheten Nathan sagen lassen. Der hatte ihm die Geschichte von der himmelschreienden Ungerechtigkeit eines mächtigen Mannes erzählt (2. Samuel 12,1-14). David gerät in Zorn über den Mann in dieser Geschichte – nur um schon kurz darauf sich selbst in ihm erkennen zu müssen. Auf dem Höhepunkt seiner Macht muss er sich seiner dunklen Seite stellen, seiner Sünde ins Auge sehen. Was wird er tun?

Andere Könige haben kurzerhand den Überbringer schlechter Nachrichten umgebracht, statt sich ihrer Verantwortung zu stellen. David aber lässt zu, dass er überführt wird, und tut Buße. Vielleicht ist das *die* entscheidende Schlüsselszene in seiner Entwicklung als Mann. Er wird damit zum archetypischen jüdischen Mann, zum großen Vorbild unzähliger Generationen – aus seinem Haus soll der Messias kommen. Als Jesus nach Jerusalem, in die Stadt Davids einzieht, rufen die Leute: »Hosanna dem Sohn Davids!« (Matthäus 21,9). Jesus ist vollständig und umfassend der »Mann nach Gottes Herzen«. Er ist der wahre König, der uns ruft, ihm nachzufolgen.

»Du bist der Mann!« – das höre ich nicht nur als Mahnung und Korrektur, sondern auch als Aufruf und Zutrauen: Ich soll Verantwortung übernehmen, nicht ablenken, nicht auf einen anderen warten. Und schließlich höre ich es auch als Ermutigung und Bestätigung: Ich bin gemeint, es kommt auf mich an, ich bin »Manns genug«.

»Du bist der Mann!« – unter diesem Titel habe ich eine Reihe von acht Artikeln in der Zeitschrift AUFATMEN veröffentlicht, die nun die Grundlage dieses Buches bilden (Kapitel 1-7 und 17). Ich habe sie um zwölf weitere Kapitel ergänzt, die weitere Männerthemen aufgreifen oder einfach meine Gedanken zu Themen, die mich bewegen, aus einer männlichen Perspektive zeigen.

Jedes dieser Kapitel steht für sich. Man kann eines herausgreifen, persönlich »verarbeiten« oder als Impuls für Männertreffen verwenden. Dementsprechend muss dieses Buch nicht in der vorgegebenen Reihenfolge gelesen werden. Aber es zeigt insgesamt einen Weg, zu einem guten Teil *meinen* Weg.

Meine Annäherung an geistliche Männerthemen war zunächst rein persönlich. Ich spürte seit meinen Dreißigern, dass ich auf meinem Weg als Mann Hilfe brauche, Ermutigung und Ermahnung, ein tieferes Verstehen der Prozesse, durch die mich Gott immer mehr zu dem Mann formen möchte, den er schon in mir sieht. Als Nächstes kam für mich die künstlerische Verarbeitung. In einigen meiner Lieder, die über reine Anbetung hinausgehen, habe ich diese Prozesse reflektiert. Durch Dichtung und Musik konnte ich meine eigenen Gefühle besser wahrnehmen. Schließlich habe ich mich zaghaft der Herausforderung gestellt, auch über Männerthemen zu sprechen. Nicht als Theologe, nicht als Psychologe, sondern als Mann. Nicht um zu belehren, sondern um als Künstler etwas für andere auszusprechen, für das sie selbst keine Worte finden. Und um – so hoffe ich – als Prophet etwas von Gottes Herzen mitzuteilen.

Dieses Buch will also inspirieren. Es hat keinen Anspruch auf Vollständigkeit. Ich ergänze einfach meine Stimme zu den vielen, die sich schon geäußert haben. Zusammen kommen wir der Wahrheit näher. Dabei hoffe ich, dass Frauen davon ebenso profitieren, indem sie Parallelen und Gegenpole entdecken – oder Männer besser verstehen lernen.

Am Ende jedes Kapitels habe ich einen thematisch passenden Liedtext angefügt, sozusagen als Brücke zu meinem Hauptberuf, dem »Musikdienst«, den ich zusammen mit meiner Frau Andrea ausübe (zwei der vorliegenden Texte habe ich mit ihr zusammen geschrieben). Auf unseren CDs oder Konzerten kann man die Musik dazu hören … Teils verdichten diese Texte das Thema lyrisch, teils bringen sie es als Gebet vor Gott.

Titel und Untertitel dieses Buches sind gefährlich. Der Aufruf »Für den König« kann wunderbar männliche Energie in uns freisetzen, aber auch geistliche Illusionen und männlichen Machbarkeitswahn fördern. »Auf dem Weg zum ganzen Mann« kann uns zu einer gesunden Entwicklung inspirieren oder zum Perfektionismus verführen. Es liegt also viel daran, dass wir genau hinhören, was der Heilige Geist in uns sagt, der uns in alle Wahrheit führt (Johannes 16,13). Ich vertraue darauf, dass er jedem Leser zeigt, was für ihn wichtig ist. Alles andere können wir getrost vergessen.

Im April 2011
Albert Frey

INITIATIVE

Aufbruch aus der Lähmung moderner Männer

Freiheit und Verantwortung

Wenn ich als Referent eingeladen bin, insbesondere bei jüngeren Menschen, betone ich immer wieder die Botschaft: »Sei ein Gestalter«. Viele junge Leute erleben sich als Opfer von Eltern, Lehrern, Umständen. Eine der großartigsten Botschaften des Christentums ist aber gerade die Lehre von der Freiheit und Verantwortung des Einzelnen. Diese Lehre unterscheidet sich nicht nur von dem lähmenden Schicksalsglauben anderer Religionen, sondern auch von einem diffusen Volksaberglauben bei uns, einer unheiligen Mischung aus Schicksalsergebenheit, Astrologie und Glaube an Vorsehung.

Als Christen können wir sagen: Wir sind nie *nur* Opfer (das sicher auch auf vielfältige Weise), sondern immer *auch* Gestalter. Selbst in den extremsten Lebenssituationen können wir zumindest noch darauf Einfluss nehmen, in welcher Haltung wir dem »Schicksal« entgegentreten wollen. Diese Botschaft stärkt (nicht nur jungen) Menschen den Rücken, ihre eigenen Ideen zu verwirklichen, an sich zu glauben, aus der Masse herauszutreten. Sie hilft, mehr auf das eigene Gewissen als auf die Mehrheit zu hören.

Nun wird Männern ja nachgesagt, dass sie das zur Genüge hätten: einen eigenen Kopf, Tatkraft, Macher-Mentalität. Aber stimmt dieses Männerbild wirklich (noch)? Sind die Bereiche, in denen Männer noch wirklich Gestalter sind, nicht längst Nischenbereiche ohne großen Einfluss auf Gesellschaft, Kirche, Familie? Softies halten sich lieber raus und ziehen sich zurück. Machos erschöpfen ihre Kraft in pseudomännlichem Gehabe, das nichts aufbaut – nicht einmal das eigene schwache Selbstwertgefühl.

Die Lähmung moderner Männer

Die aktuelle Baumarktwerbung wird unfreiwillig zur Karikatur des gestaltenden Mannes: Er bastelt endlose Stunden an seinem »Projekt«, während Frau und Kinder das wirkliche Leben bestehen müssen.

Sicher: Wenn wir noch ab und zu einen Hammer in die Hand nehmen, ist das durchaus ein Übungsfeld für männliche Gestaltungskraft. Mir als schöngeistigem Schreibtisch- (und Tonstudio-)Täter tut es richtig gut, ab und zu handwerkliche Arbeiten zu verrichten – auch wenn es für die Haushaltskasse unterm Strich günstiger wäre, ich würde in der Zeit ein weiteres Lied schreiben und einen Handwerker engagieren, der wirklich etwas davon versteht. Aber ab und zu braucht ein Mann einfach etwas zum »Schrauben«. Vielleicht haben Männer, die noch mit ihren Händen arbeiten, wirklich einen Vorteil, weil sie ihre Gestaltungskraft unmittelbar erleben können. Zumindest haben sie andere Herausforderungen (natürlich: Handarbeit ist nicht automatisch sinnvoll). Die meisten von uns aber gestalten – wenn überhaupt – eine virtuelle Welt. Hinter Bildschirmen und an Tastaturen sind wir ein Rad im Getriebe und können in den seltensten Fällen die Früchte unserer Arbeit selbst ernten.

Hinter Bildschirmen und an Tastaturen sind wir ein Rad im Getriebe.

Viele Männer verlagern ihr Interesse auf Dinge, die sie selbst gar nicht beeinflussen können. Sie lassen sich darüber aus, was Politiker, Wirtschaftsbosse und Kirchenführer tun sollten, ohne selbst wählen zu gehen oder sich zu engagieren. Der amerikanische Autor *Richard Rohr*[1] berichtet die tragikomische Anekdote eines Mannes, der gefragt wurde, wer bei ihm zu Hause die Entscheidungen trifft. Seine Antwort: »Meine Frau trifft die kleinen Entscheidungen – in welcher Gegend wir wohnen, welche Schule am besten für die Kinder ist, wie wir unser Geld einteilen, wohin wir in Urlaub fahren und dergleichen. Ich aber entscheide über die großen Dinge, etwa ob wir den Russen trauen können, ob die Regierung ihren Job gut macht und was wir tun müssen, damit die Wirtschaft floriert.«

Viele »moderne« Männer überlassen Frauen die Entscheidungen, weil ihnen durch ihre lange Abwesenheit von zu Hause wichtige Informationen fehlen, weil sie ihre Ruhe wollen, weil sie ein diffuses schlechtes Gewissen haben und meinen, sie könnten durch das Zurückhalten eigener Vorstellungen etwas gutmachen.

Passive Unterhaltung statt aktiver Freizeit

Eine weitere Falle ist die endlose Beschäftigung mit technischen Geräten. Männer sind fasziniert von Werkzeugen und Instrumenten – egal ob mechanisch oder elektronisch. Sie sind sozusagen der verlängerte Arm männlicher Tatkraft. Aber davon haben wir uns meilenweit entfernt. Die meisten Geräte, von denen Männer heute träumen, dienen passiver Unterhaltung. Wir entscheiden noch nicht einmal wirklich, wann wir welches Teil kaufen, sondern sind Hörige der Werbespezialisten von Elektronikmärkten, die die Männerseele anscheinend besser kennen als unsere Pastoren. Wenn wir dann den neuesten Riesenflachbildschirm haben, hängen wir uns davor und sind unansprechbar.

John Eldredge[2] malt uns die traurige Szene eines Mannes vor Augen, der im Wohnzimmer ein Fußballspiel ansieht, während sein Sohn allein im Garten lustlos mit dem Ball herumkickt. Statt aktiv Sport zu treiben, beobachten wir lieber die Profi-Sportler am Bildschirm. Überhaupt sind wir modernen Männer fasziniert von Profis. Die sollen das machen – ich lehne mich zurück. Paulus rüttelt uns auf und gebraucht das Bild des Kämpfers (1. Korinther 9,24-27; Epheser 6,10-17) und des Sportlers (Philipper 3,13-14) für ganz »normale« Gemeindemitglieder. Ich glaube, dass gerade Männer heute diese Bibelstellen neu lesen müssen. Und ich kann mir nicht vorstellen, wie ein Mann diesen Kampfgeist entwickeln will, ohne tatsächlich Sport zu treiben!

Pro-aktiv

Der evangelische Theologe *Friedrich Christoph Oetinger* (1702–1782) betete: »Der Herr gebe mir die Gelassenheit, Dinge hinzunehmen, die ich nicht ändern kann, den Mut, Dinge zu ändern, die ich ändern kann, und die Weisheit, das eine vom anderen zu unterscheiden.« Diese Weisheit scheint vielen zu fehlen. Wir richten unsere Aufmerksamkeit auf Dinge, die wir nicht ändern können, und verlieren darüber unsere Gestaltungskraft.

Der auch in christlichen Kreisen gern gelesene Managementexperte *Stephen Covey* prägt in seinem Buch »Die sieben Wege zur Effektivität«[3] den Begriff »pro-aktiv«. Er meint damit genau dieses kreative Gestalten dessen, was in meiner Macht steht, statt über das zu jammern, was ich nicht ändern kann. In einigen schweren Lebenssituationen, als ich am liebsten den Kopf in den Sand gesteckt hätte, kam mir dieses Wort wieder zu Bewusstsein, durchaus als Zuspruch von Gott: »Sei pro-aktiv, du kannst noch wählen, entscheiden, gestalten!«

Wir berauben durch unsere Passivität im wirklichen Leben nicht nur uns selbst, sondern auch die Frauen und Kinder, die männliche Initiative so sehr brauchen – ob sie es wissen oder nicht. *Richard Rohr* leitet aus der Biologie ab, dass die männliche Energie die Zeugungskraft ist, die Leben entstehen lässt: »Bei Männern geht es auf der archetypischen Ebene um das Tragen und Einpflanzen des Samens, bei Frauen darum, das Eingepflanzte zu empfangen, zu schützen und zu nähren.« Das Weibliche und das Männliche sind gleich wichtig – aber unterschiedlich. Ohne den Beitrag des Männlichen entsteht kein neues Leben. Diese These passt natürlich nicht zum Zeitgeist, der alle Unterschiede zwischen Mann und Frau aufheben will. Aber wenn sie wahr ist, dann haben wir die Erklärung, warum in Familien, Erziehung und Kirche solch ein Mangel an neuem Leben, Optimismus und Zielstrebigkeit herrscht. Die Männer, die das einbringen sollten, sind gebunden in Berufen, die zwar Geld einbringen, aber wenig echten Sinn haben, und in Hobbys, die ihre Seele abstumpfen lassen, statt sie zu regenerieren.

Aufbruch: Was können wir tun?

Einen Grund für den Mangel an männlicher Initiative sehen *Robert Bly*[4], *Richard Rohr, John Eldredge* und viele andere in einem Mangel an »Initiation«: In der westlichen Welt werden junge Männer nicht mehr von anderen Männern ins Mannsein eingeführt. Viele sind der weiblichen Fürsorge, der Vaterlosigkeit und Bildern falscher Männlichkeit durch Medien und Gleichaltrige ausgeliefert – und bleiben dadurch bedürfnisorientierte Riesenbabys, verunsicherte Jungs in Männerkörpern.

Etwas muss in uns angefangen, »initiiert« werden, das uns aus dem Versorgtwerden und aus den pubertären Männerfantasien heraushilft. Erst dann können wir diese Anfängerkraft, diese Initiative für uns und andere entwickeln.

Die erste Initiative muss uns paradoxerweise nach innen führen. Wir müssen unser Herz wiederfinden, unsere Geschichte aufarbeiten, Gottes

Vater-Energie aufnehmen (dazu in den kommenden Kapiteln mehr). Vielleicht ist die Selbsterkenntnis meines Mangels an Männlichkeit (»Du bist der *schwache* Mann«) so erschütternd, dass ich erst einmal zusammenbreche. Dass Schutzmechanismen zusammenbrechen. Wenn das so ist, dann ist es gut. Dann fallen wir in die unermessliche Barmherzigkeit des Vaters. Was wir am meisten fürchten – unsere Hilflosigkeit und Unsicherheit –, bringt uns Gott näher und erstaunlicherweise oft auch einer Frau, weil sie dann unser verwundetes Herz statt eines perfekten Panzers sehen kann.

Dann müssen wir eine Bestandsaufnahme unserer Aktivitäten machen. Für die meisten Männer dürfte die Frage lauten: *Was muss ich lassen, was raubt mir Energie, Initiative? –* und nicht: *Was kann ich noch zusätzlich tun?* Letzteres scheint mir eine große Falle für Männer zu sein – auch in der Männerarbeit. Wenn wir nicht tief genug ansetzen (Herzensveränderung), verfallen wir dem männlichen Machbarkeitswahn – der Kehrseite gesunder männlicher Initiative. Wir schultern einen Packen guter Vorsätze, wie es einmal im Jahr an Silvester üblich ist, und fühlen uns noch gut dabei, weil wir Wunsch und Wirklichkeit verwechseln. Ende Januar ist dann meist schon alles vergessen …

Wir Männer brauchen in aller Regel nicht Belastung, sondern Befreiung, und das kann nur geschehen, wenn wir etwas loslassen, aufgeben. Weniger ist mehr. Initiationsriten alter Völker nehmen dem Jungen immer etwas weg, führen ihn ins Karge, Wilde. Müssen wir vielleicht wie Johannes der Täufer und Jesus selbst tatsächlich in die Wüste gehen und auf Berge steigen, um wirklich klar zu sehen und unseren Ballast abwerfen zu können?

Als Drittes brauchen wir Bruderhilfe. Wir müssen uns in frauenfreien Zonen mit anderen Männern treffen. Nicht, weil die Frauen uns in unserer Entwicklung nichts zu sagen hätten – im Gegenteil! –, sondern weil wir aus unseren Rollen als starker Retter, Hahn im Korb, perfekter Gentleman herauskommen müssen. Wir brauchen Mut zur Ehrlichkeit, Mut, unsere Schwäche voreinander zu zeigen. Das ist unter Männern schon schwer genug. Es ist noch schwerer mit Prinzessinnen im Raum, die unseren Beschützerinstinkt wecken – oder Mutterfiguren, die Abwehrmechanismen auslösen.

Als Viertes und vielleicht Wichtigstes aber brauchen wir Vater-Energie – sowohl von Gott-Vater selbst als auch von älteren Männern, die uns auf der Reise voraus sind. Ich weiß nicht, ob wir unsere Initiation nachholen können, aber ich weiß, dass wir diese männliche Energie brauchen und dass es Wege gibt, sie zu bekommen, und – egal, in welchem Alter – verändert zu werden, hin zu dem Mann, den Gott in uns hineingelegt hat. Ich empfinde mich als Wanderer, als Pilger auf diesem Weg. Ich bin noch lange nicht am Ziel, aber ich bin aufgebrochen. Mir ist es zu eng im Käfig meiner eigenen Prägung. Männer bleiben oft dort, wo sie sich sicher fühlen, und meiden alles Unsichere, Widersprüchliche, Spannungsvolle. Deshalb sind alte Männer oft so steif, unbelehrbar, unberührbar und unerreichbar. So möchte ich nicht sein, bleiben oder werden.

Wanderer

Ich bin ein Wanderer zwischen den Welten
Ein Suchender, der ständig Neues entdeckt
Ich bin ein Pilgernder, mit windigen Zelten
Ein Reisender mit leichtem Gepäck

Ich bin ein Glaubender mit offenen Fragen
Ein Wissender, der weiß, dass er nichts weiß
Ich bin ein Zweifelnder, von Hoffnung getragen
Ein Liebender auf dünnem Eis

Ich hab das Ziel noch nicht erreicht
In diesem Lauf noch nicht gesiegt
Doch eines weiß ich ganz genau
Ich vergesse, was hinter mir liegt

Ich strecke mich aus, ich laufe den Lauf
Ich jage dem nach, was vor mir liegt
Ich strecke mich aus, ich kämpfe den Kampf
Ich folge dem nach, der vor mir geht
Ich strecke mich aus nach dem Siegespreis

Ich bin ein Sitzender zwischen den Stühlen
Ein Stehender, der schaut, dass er nicht fällt
Ich bin ein Gehender mit gemischten Gefühlen
Ein Fallender, den deine Hand hält

Ich bin ein Träumender mit kindlichem Glauben
Ein Wachender aus Liebe und Furcht
Ich bin ein Sehender mit geschlossenen Augen
Ein Lachender durch Tränen hindurch

Ich hab das Ziel noch nicht erreicht
In diesem Lauf noch nicht gesiegt
Doch eines weiß ich ganz genau
Ich vergesse, was hinter mir liegt

Ich strecke mich aus, ich laufe den Lauf
Ich jage dem nach, was vor mir liegt
Ich strecke mich aus, ich kämpfe den Kampf
Ich folge dem nach, der vor mir geht
Ich strecke mich aus nach dem Siegespreis

Text und Musik: Albert Frey
© 2001 FREYKLANG adm. by Gerth Medien, Asslar
Auf der CD »Anker in der Zeit«

WANN IST EIN MANN EIN MANN?

Die eigene Lebensgeschichte aufarbeiten

Ich – ein Seelsorgefall?

»Du bist der Mann!« Eine schöne Zusage, aber stimmt sie schon, ist sie schon erfüllt?

Erst mal bin ich das Kind, der Junge, der junge Mann. Es ist ein Weg, ein Mann zu werden, genauso wie Frauen einen Weg gehen müssen, um eine Frau zu werden. Auf diesem Weg gibt es Herausforderungen, Hindernisse, Umwege. Ich kann sie meistern und komme damit dem Ziel näher. Ich kann aber auch daran scheitern, mich aufhalten lassen, stagnieren oder gar Rückschritte machen. »Wann ist ein Mann ein Mann?«, fragte schon in den 80ern Herbert Grönemeyer – und beschrieb in seinem Song humorvoll den Kampf um die Mannwerdung.

Hier geht es um eine der tiefsten Fragen der Identität. Nur die Frage »Bin ich geliebt, bin ich angenommen?« reicht noch tiefer, ist noch fundamentaler. Gleich danach kommt die Frage: »Bin ich Junge oder Mädchen – und wie kann ich zu einem Mann, zu einer Frau werden?« Der Mensch besteht nun einmal aus zwei verschiedenen Versionen ...

All das passiert natürlich von Geburt an völlig unbewusst, und bei vielen (vor allem Männern!) bleiben diese Fragen lebenslang eine unbewusste Triebkraft. Ich wuchs noch in einer Kultur auf, in der die Aufarbeitung der eigenen Lebensgeschichte und seelischen Prägung für »Normale« tabu war. Das sollten die machen, die es nötig hatten, Menschen mit seelischen Problemen – eine Randgruppe.

Als ich dann zu einem lebendigen Glauben kam, war dann auf einmal »innere Heilung« ein Thema. In unserer Jugendgruppe gab es durchaus ein Bewusstsein dafür, dass Verletzungen aus der Kindheit und falsche Prägungen mich an meinem neuen Leben in Christus hinderten. Aber wie naiv wir waren! (Oder kindlich gläubig?) Das Gebet um innere Heilung dauerte bei einem anscheinend normalen jungen Mann wie mir eine gute halbe Stunde. Vom Mutterleib bis zum Abitur wurden alle Verletzungen Gott gegeben – und man kam mit dem Gefühl aus der Gebetssitzung, dass die Sache damit erledigt sei. In der Folge gab es wieder eine Aufteilung: die große Mehrheit der Normalen und Gesunden und die »Seelsorgefälle«, die weiterhin mit Selbstwertproblemen und Depressionen zu kämpfen hatten.

Erst eine große Lebenskrise (das Zerbrechen meiner ersten Ehe) konnte mich aus der Illusion holen, dass ich innerlich völlig gesund sei und nichts aufzuarbeiten hätte. Ich musste mich mit Anfang dreißig neu und anders kennenlernen. Da gab es Themen wie meine Unsicherheit, meine mangelnde Kämpfer-Energie, meine Weigerung, mich mit anderen Männern auf normalem Terrain zu messen, mein Bedürfnis, es allen recht zu machen. Alle schwachen und verletzten Anteile meiner Persönlichkeit, die ich bis dahin erfolgreich auch vor mir selber hinter scheinbaren Stärken und christlichen Tugenden verborgen hatte, kamen nun zum Vorschein. Ich war plötzlich ein Seelsorgefall, einer von denen, auf die ich bisher verständnisvoll-mitleidig herabgeblickt hatte. Einer dieser Bremsklötze, die dem Reich Gottes so viel Energie rauben, weil sie sich um ihre eigenen Probleme drehen.

Ich musste mich mit Anfang dreißig neu und anders kennenlernen.

Ich habe mich an den Gedanken gewöhnt. Ich finde ihn mittlerweile sogar richtig gut, ja männlich: *Ich will mich meinen Defiziten stellen! Ich will Hilfe in Anspruch nehmen! Ich will mich aus meinen Verwicklungen entwickeln! Ich bin ein Seelsorgefall – und stehe dazu!*

Meine Frau Andrea ist mir da ein großes Vorbild. Sie ist ehrlich zu sich selbst und stellt sich ihren Schwächen – eine starke Frau! Haben wir Männer diesen Mut? Zur Seelsorge gehen, für mich beten lassen, Probleme vor anderen offenlegen, vielleicht auch eine Therapie beginnen? Wir dürfen unser verletztes inneres Kind Gott hinhalten. Der Liedtext am Ende des Kapitels drückt das für mich aus.

Eltern lieben, hassen, ehren

Die erste und stärkste Prägung erfahren wir durch unsere Eltern, durch Gene und (in der Regel) durch Erziehung, zumindest von einem Elternteil. Dabei denke ich gar nicht so sehr an einzelne Erziehungsmaßnahmen, Verbote und Erlaubnisse, sondern vielmehr an die Grundprägung durch das Vorbild, durch die Familienatmosphäre, durch die Art, wie miteinander gesprochen und umgegangen wird. Ganz zwangsläufig bekommen wir nicht alles, was wir brauchen an Annahme, Liebe, Bestätigung, Ermutigung und Korrektur. Wo unsere Eltern unfähig sind, unseren Mangel zu füllen, entstehen seelische Löcher. Ihr Fehlverhalten hinterlässt Verletzungen.

Es ist erstaunlich, wie naiv viele Menschen – auch viele Christen (natürlich die »Normalen«) – von ihren Eltern erzählen. Oft kann man dabei relativ schnell erkennen, in welcher Phase sie sich in Bezug auf die Ablösung von ihnen befinden.

Die erste Phase dieser Beziehung, die eigentlich dem Kindesalter vorbehalten wäre, ist die *Idealisierung.* Ich habe bis weit in meine Zwanziger ein perfektes Bild meiner Familie gezeichnet und überall betont, wie dankbar ich sein kann und wie gut ich es im Vergleich zu anderen habe. Offensichtlich war das nur ein Teil der Wahrheit. Warum konnte ich die Schwächen unserer Familie nicht sehen? Was musste ich sogar vor mir selbst verbergen? Ein falsches Verständnis des vierten Gebots begünstigt leider, dass Christen in der Idealisierung hängen bleiben. Die Eltern ehren heißt nicht, sie auf einen Sockel zu heben, aber manche von uns können nur so ihr falsches Selbstbild und ihr Außenbild als »guter Christ« aufrechterhalten.

Die zweite Phase ist die *Rebellion,* die Abgrenzung von den Eltern. In einer gesunden Entwicklung des Kindes dient sie dazu, die eigene Persönlichkeit zu entdecken und sich aus der Symbiose zu lösen. Sie ist absolut notwendig, blitzt schon im »Trotzalter« auf, und wird dann in der Pubertät zu einer notwendigen Krise, die zu einem neuen, »erwachsenen« Verhältnis von Kindern und Eltern führen soll.

Es ist höchst interessant, dass auch Jesus als Zwölfjähriger im Tempel seinen Eltern diesen Schock zugemutet hat: »*Wusstet ihr nicht, dass ich in dem sein muss, was meinem Vater (im Himmel) gehört?*« (Lukas 2,49). Das ist eine klare Ansage der Abgrenzung. Dem Reich der Familie wird das größere Reich Gottes gegenübergestellt. Das war kein Bruch, sondern eine Entwicklungsstufe. Auch als Dreißigjähriger grenzt sich Jesus gegen seine Familie und seine Mutter ab. Als sie auf Familienprivilegien pochen und sich in der Schlange vordrängeln wollen, weist Jesus sie zurück und erweitert »seine« Familie um alle, »*die das Wort Gottes hören und danach handeln« (Lukas 8,19-21).* Das Jesuswort vom Hassen der Eltern (Lukas 14,26) ist für mich so auch besser zu verstehen. Das Reich Gottes ist vorrangig, den Eltern muss der richtige, nachgeordnete Platz zugewiesen werden. Jesus will keine Muttersöhnchen, sondern Männer, die auf eigenen Füßen – oder besser: auf dem festen Grund seiner Liebe stehen.

Versöhnt und erwachsen

Auch als eine Frau aus der Menge Maria wegen ihrer körperlichen Verbindung zu Jesus herausheben will, weist er sie zurecht und lenkt den Schwerpunkt auf geistliche Beziehungen: *»Selig sind vielmehr die, die das Wort Gottes hören und befolgen« (Lukas 11,27.28).* Eine denkwürdige Stelle für ein gesundes Maß an Marienverehrung … Aber auch eine denkwürdige Stelle für alle Söhne und ihr Verhältnis zur Mutter. Maria gehört zum engsten Jüngerkreis, sie ist natürlich die, die das Wort Gottes hört und befolgt. Jesus muss sie nicht aus seiner Umgebung entfernen. Sie steht unter dem Kreuz und nimmt eine wichtige Stellung im Jüngerkreis ein, wird mehrmals mit den Zwölfen erwähnt. Er hat ein gesundes, abgegrenztes Verhältnis zu seiner Mutter. Oh, wenn das nur auf uns fromme Männer abfärben könnte!

Viele aber kommen auch aus der Rebellion nicht heraus. Gerade wenn sie zur rechten Zeit nicht ausgelebt werden konnte, führt die verspätete Abgrenzung von den Eltern oft zu schwierigen oder gar abgebrochenen Beziehungen – häufig auch mit geistlicher Begründung. Da sind vielleicht die Eltern nicht gläubig, und man meint, sich von ihrem schlechten Einfluss fernhalten zu müssen. Oder sie sind übergeistlich, und der Sohn fürchtet dieses geistliche Über-Ich, das vielleicht unausgesprochen Gehorsam und Dankbarkeit fordert. Gerade Männer können hier sehr unbewusst, ja fast dumm sein. Sie stellen ihre Eltern als unmöglich hin und sind sich sicher, selbst genau das Gegenteil zu leben. Ein pubertärer Wunsch, der natürlich leicht zu durchschauen ist. Die nun negative Bindung zu den Eltern führt am Ende jedoch zum Wiederholungszwang. Männer entdecken entsetzt (oder merken gar nicht), dass sie – zum Beispiel an ihren Söhnen – so handeln, wie sie es wegen ihrer eigenen Vater-Erfahrung um jeden Preis vermeiden wollten.

Ich habe großen Respekt vor allen, die – auch schon weit im Erwachsenenalter – Distanz zu ihren Eltern brauchen und den Mut haben, sie zu schaffen. Darin zu verharren ist aber kein Zeichen von echter Reife. Und verborgene unverarbeitete Gefühle und scheingeistliche Begründungen schon gar nicht. Das Ziel, in welchem Alter auch immer, ist die dritte Phase: das versöhnte, erwachsene Verhältnis zu den Eltern, »Auge in Auge«, mit Geben und Nehmen, Nähe und Distanz. Das heißt Eltern ehren: nicht nur das Gute sehen, sondern auch ihren negativen Einfluss auf mein Leben erkennen, vergeben und schließlich mich selbst und mein Gewordensein samt ihnen akzeptieren. Dann, nach einer eher negativen Sicht meiner Eltern, kann ich vielleicht auch neu das Gute schätzen, das sie mir eben auch mitgegeben haben. Jetzt aber nicht mehr idealisiert, sondern mit realistischem Blick.

> Eltern zu ehren heißt, nicht nur das Gute zu sehen, sondern auch ihren negativen Einfluss auf mein Leben erkennen.

Natürlich gäbe es jetzt ganz viel zu sagen über die eigene Vater- und Mutterbeziehung und deren Auswirkung auf meine Beziehung zu Gott und mein ganzes Leben. Das scheint mir so wichtig, dass ich dafür ein eigenes Kapitel geschrieben habe (Kapitel 5: Vater-Energie).

Das Vorbild älterer Männer

In diesem Überblick der Entwicklung zum Mann (der Mann steckt schon in uns, er muss nur herausgelöst werden!) treten nun andere Figuren auf: Lehrer, Pfarrer, Trainer, Jugendgruppenleiter, (Handwerks-)Meister. Ebenso wie bei den Eltern wiederholen sich auch hier im kleineren Maßstab die drei Phasen. Vielleicht wird einer zum Idol, das dann vom Sockel fallen muss. Vor allem, wenn die Beziehung zum Vater schwach ist, kommt weiteren männlichen Bezugspersonen große Bedeutung zu. Viele haben uns ebenso enttäuscht wie vielleicht der Vater, andere aber auch Lebenswichtiges in uns gesät.

In einer neu entstandenen Freundesrunde aus Männern und Frauen erzählten wir uns gegenseitig unsere schönsten und schlimmsten Erfahrungen, um uns besser kennenzulernen. Einer der Männer erzählte vom Tod eines Nachbarn, der ihm viel bedeutet und mit dem er viel Zeit verbracht hatte. Im ersten Moment dachte ich, er weicht aus und hält die wirklich schlimmen Dinge zurück. Als aber klar wurde, dass dieser Mann wie ein Vater für ihn war, spürte ich, dass er ehrlicher erzählt hatte als die meisten von uns. Mit diesem Mann war für ihn ein lebenswichtiger Begleiter auf dem Weg zum Mannsein gestorben.

Noch eine Geschichte: Als sich der Jugendkreis, in dem ich zum Glauben kam, zu einer Gemeinschaft erweiterte, stieß ein (inzwischen verstorbener) Geschäftsmann dazu. Er war begeistert von Jesus und unterstützte den bunten Haufen, wo er konnte. Wenn es aber ums Singen ging (und wir sangen ständig), blieb er stumm. Er genoss den Lobpreis und betete still mit. Aber seine Lippen wollten sich nicht öffnen. Vor 40 oder 50 Jahren hatte ihn ein Musiklehrer vor versammelter Klasse heruntergeputzt und ihm für alle Zeiten den Stempel »Versager« aufgedrückt: Du kannst nicht singen! Eine sich selbst erfüllende Prophezeiung, die stärker war als seine Sehnsucht, endlich mitzusingen. Stärker auch als alle Gebete seiner Freunde.

Worte älterer Männer haben eine erstaunliche Kraft, sie sind aufbauend oder zerstörerisch. Sport war mein schlechtestes Schulfach. Die Hocke über den Bock oder gar den Kasten war angesichts meiner viel zu langen schlaksigen Beine als 15-Jähriger der absolute Horror für mich. Ich hätte mich wohl endgültig Churchill angeschlossen (»No sports!«) und wäre nun ein gemütlicher, träger, wohlbeleibter Mittvierziger, wäre da nicht ein Sportlehrer in der elften Klasse gewesen, der an mich geglaubt hat. Er betrachtete meine wachstumsverzerrten Proportionen und meinte, die Langstrecke wäre doch etwas für mich. Und siehe da: Ich lief die 3000 Meter in einer beachtlichen Zeit, aus der Drei wurde eine Zwei. Mein Körper – und damit mein Selbstwertgefühl – hatte eine wichtige Aufwertung erfahren, die mir in dieser Hinsicht meine Eltern nicht hatten vermitteln können.

Wenn wir also unsere Geschichte aufarbeiten wollen, geht es nicht nur um die Eltern, sondern auch um andere Autoritätsfiguren. Was muss ich schmerzhaft erkennen, abtrauern, loslassen, vergeben? Was muss ich beachten, schätzen, wofür dankbar sein?

Ein Mann wird ein Mann zu einem ganz großen Teil durch das Vorbild reifer, weiser, älterer Männer und ihr Zutrauen, ihre guten Worte. Wir vermissen sie so sehr – in unseren Gemeinden wie in unserer Gesellschaft.

Die Macht der Frau

Wir werden aber nicht nur zum Mann durch die, die sind, wie wir sein wollen, sondern auch durch die, die so geheimnisvoll anders sind, nach denen wir uns so sehnen – und die wir zugleich so fürchten: die Frauen! Wenn das Interesse des jungen Mannes an den Mädchen erwacht, gibt es oft einen Moment, in dem er seine ganze noch unsichere Männlichkeit in die Waagschale wirft und um ein Mädchen wirbt. Es ist nicht nur die Frage, ob »sie« ihn auch mag, sondern ob er überhaupt als Mann eine Frau gewinnen kann. Viele gewinnen – und bauen vielleicht eine letztlich falsche Männlichkeit auf ihrem männlichen Charme auf. Andere erhalten eine Abfuhr, aber stecken sie mit einer guten männlichen Grundsicherheit weg, fragen wieder – und finden schließlich die »Richtige«. Wieder andere trifft aber die Ablehnung tief. Vielleicht sind es mehrere Körbe hintereinander. Und die Schwelle, es noch einmal zu riskieren, sich anscheinend lächerlich zu machen, wird immer größer, unüberwindbarer.

Gott kann unsere verletzte Männlichkeit heilen.

Sie bleiben allein – ebenso wie alle, die es erst gar nicht wagten, die in ihrer Männlichkeit so verunsichert sind, dass sie lieber näherliegenden Ersatz suchen, statt die Abenteuer des Ritters zu bestehen, der die Prinzessin gewinnen will.

Egal, wie unsere persönliche Geschichte aussieht, mir ist es wichtig, dass wir hier ganz ehrlich sind und unser Bedürfnis nach Überlegenheit überwinden. Hier sind wir verletzlich, hier sind wir wohl auch verletzt worden. Es ist nie zu spät. Gott kann unsere verletzte Männlichkeit heilen, auch spätes Partnerglück oder Versöhnung mit dem Alleinsein schenken.

Die Zurückweisung einer Frau trifft uns, auch, wenn wir schon mit ihr zusammenleben, immer wieder, unser ganzes Leben hindurch. Auch hier müssen wir durch die drei Phasen – vielleicht immer wieder. Nach der Verliebtheit und der Verschmelzungssehnsucht die Enttäuschungsphase. Erst jetzt kann ich die Schwächen meiner Partnerin wirklich sehen, oder (was für uns Männer oft schlimmer ist) sie meine. Jetzt weder weglaufen noch die Augen schließen und mich selbst verlieren! Meine Grenzen spüren und akzeptieren, eigene Persönlichkeit bleiben und werden, damit – Phase drei – eine versöhnte Beziehung auf der Grundlage von Wahrheit *und* Liebe entsteht.

Die Frau bereichert uns als Männer unendlich. Als Gegenpol fordert sie unsere Männlichkeit heraus, als Gefährtin lädt sie uns ein, mit ihr auch unsere weibliche Seite kennenzulernen. Aber Männlichkeit kann sie uns letztlich nicht geben. Die Mutter nicht und auch nicht die Partnerin.

Auf einem Männerseminar, an dem ich teilnahm, waren wir aufgefordert, einen Gegenstand mitzubringen, der unsere Männlichkeit symbolisiert. Ein Mann in meiner Gruppe brachte ein kleines Kunstwerk mit, einen schön geformten Frauenkörper aus dunklem Holz. Wir anderen waren verblüfft – es sollte doch um Männlichkeit gehen! Aber seine Begründung war einleuchtend und ehrlich. Im Gegenüber der Frau, im Erleben ihrer Anziehungskraft und seiner Sexualität, fühlte er sich als Mann. Was aber, wenn ihm dieses reizvolle Spiel verschlossen bleibt, wenn er alt, krank, abgelehnt ist? Ist er dann immer noch ein Mann? Dann erst zeigt sich, auf was unsere Männlichkeit letztlich gegründet ist. Das einzige wirklich stabile Fundament ist Gott selbst, der uns als Vater sagt: »Du bist der Mann!« – der uns will und unabhängig von unserer Entwicklung liebt.

Er hat uns als Schöpfer mit unseren XY-Chromosomen und dem kleinen Zipfelchen ausgestattet, nach dem früher die Hebamme und heute der Arzt im Ultraschall als Erstes schaut. Und damit gab er uns eine lebenslange Aufgabe. »Als Mann und Frau schuf er sie« – was er uns aufträgt, dazu gibt er uns auch die Kraft.

Decke mich zu

Warum fühle ich mich nur so klein
Wie ein Kind, so verlassen, allein
Auf der Welt, auf der Welt

Mir ist kalt, was ist nur mit mir los
Meine Seele liegt da, nackt und bloß
Und voll Angst, und voll Angst

Halt mich fest, halt mich warm
Ich bin nackt, ich bin arm vor dir
Decke mich zu, decke mich zu, decke mich zu
Mein Gott

Jemand sagt »Gut gemacht, junger Mann«
Wenn es nicht gut genug ist, was dann?

Reicht es aus, reicht es aus?

So oft bin ich geflohn vor dem Loch
Doch das Kind in mir ist immer noch
Ohne Trost, ohne Trost

Halt mich fest, halt mich warm
Ich bin nackt, ich bin arm vor dir
Decke mich zu, decke mich zu, decke mich zu
Mein Gott

Halt ich aus, mich so hilflos zu sehn
Bleib ich da, werd ich diesmal nicht fliehn
Vor mir selbst, vor mir selbst

So gern würde ich jetzt etwas tun
Doch ich spüre, ich muss einfach ruhn
Vor dir, Herr, vor dir, Herr

Halt mich fest, halt mich warm
Ich bin nackt, ich bin arm vor dir
Decke mich zu, decke mich zu, decke mich zu
Mein Gott

Text und Musik: Albert Frey
© 2002 FREYKLANG adm. by Gerth Medien, Asslar
Auf der CD »Zwischen Himmel und Erde«

Der Kämpfer

Konfliktfähiger, mutiger und entschlossener werden

Archetypen

In der Männerarbeit sind die sogenannten Archetypen, die Urbilder, sehr beliebt. Vom Kasperletheater über die großen Menschheitsgeschichten bis zum modernen Kino finden sich – zugespitzt – verschiedene Seiten des Männlichen (und auch Weiblichen) in bestimmten Personen.

Diese Bilder spiegeln nicht nur unser intuitives Wissen über das Wesen des Männlichen, sie haben auch Kraft zur Veränderung. Sie rufen uns zur Imitation, zur Nachfolge. Jungen sind fasziniert von Kämpferfiguren, von Robin Hood über Rambo bis Neo aus den Matrix-Filmen – Hauptsache stark und unbesiegbar. Später begeistern sie sich vielleicht für Romeo, Franziskus oder den jungen Liebhaber aus »Titanic«, für die Verrücktheit der Liebe. König Artus, Nelson Mandela oder der Papst stehen für unsere Sehnsucht nach selbstloser, königlicher Autorität. Die Suche nach Weisheit und nach dem Verborgenen, Transzendenten verkörpern vielleicht Persönlichkeiten wie Merlin, Gandalf (der Zauberer aus »Der Herr der Ringe«) oder Anselm Grün.

Auch christliche Autoren haben über diese klassischen Männer-Bilder geschrieben: Richard Rohr greift diese vier Archetypen auf. John Eldredge ergänzt noch zwei für die frühe Entwicklung (Junge, Abenteurer) und bringt auch die anderen vier in eine zeitliche Reihenfolge: der Kämpfer, der Liebende, der König, der Weise (siehe Zeitschrift AUFATMEN 3/07).

Ich will mich auf die vier Erstgenannten beschränken und dabei auch zu enge Einordnungen in Entwicklungsabschnitte vermeiden. Faszinierend für mich sind eigentlich immer die Mischungen: Der Schwerpunkt (welcher Archetyp ist bei mir am stärksten entwickelt?) und der Schwachpunkt (welcher fehlt mir fast völlig?) haben mir viel zu sagen. Männer, die nur einen einzigen Archetyp verkörpern, sind gefährlich einseitig. Jeder Mann entwickelt in der Regel zwei der Archetypen, ein dritter wird eine wichtige Aufgabe für den reiferen Mann und der vierte möglicherweise eine lebenslange Schwäche, die aber durch Ehrlichkeit und die Gnade Gottes dennoch fruchtbar werden kann.

Der (fast) ganze Mann

David hat drei Seiten sehr stark entwickelt. Er ist »der Liebende«, eng mit Jonathan befreundet, er liebt die Frauen (und macht dabei auch seine größten Fehler …), er dichtet und musiziert, um seine Liebe zur Schöpfung und zum Schöpfer zum Ausdruck zu bringen. Als mutiger Kämpfer besiegt er Goliath und verschafft Israel militärische Erfolge in alle Richtungen – muss aber auch sein Leben lang unter Gewalt und Verrat leiden. Als König hält er ein großes Reich zusammen und wird sogar zum Stammvater des wahren, verheißenen Königs. Nur der Weise, der Prophet scheint ihm zu fehlen. Deshalb braucht er auch den Propheten Nathan – er kann seine blinde Seite selbst nicht sehen. Er darf auch den Tempel nicht bauen, der eben für diesen letzten Archetyp steht. Das tut dann sein Sohn Salomo, der zum Urbild der Weisheit wird. Was der Vater sich erkämpft hat, wird ihm ohne eigenes Zutun vererbt. Er kann auf einer höheren Stufe ansetzen und entwickeln, woran es seinem Vater mangelte. Dafür fehlt ihm wieder etwas, zum Beispiel die Kämpfer-Energie, um sich gegen den Götzendienst seiner ausländischen Frauen abzugrenzen. Es scheint, wir können nicht alles haben …

Männer, die nur einen einzigen Archetyp verkörpern, sind gefährlich einseitig.

Die vollkommene Einheit verkörpert Jesus. Das werden wir zu jedem Archetyp betrachten. Als Männer, die ihm nachfolgen und ihm ähnlicher werden wollen, dürfen wir diese Vollkommenheit als (unerreichbares) Ziel nehmen. Wir müssen uns weder mit unserem Gewordensein abfinden (»So bin ich halt!«) noch unsere Unsicherheit verbergen, indem wir nur unsere Stärken ausleben und alles andere immer mehr ausblenden, wie es so viele Männer tun, die keinen inneren Weg gehen.

Der missverstandene Kämpfer

In diesem Kapitel geht es um den *Kämpfer*. Der Kämpfer hat die Aufgabe, Grenzen zu verteidigen und gegen Ungerechtigkeit vorzugehen. Das ist wichtig – für einen Staat, für eine Kirche, für eine Person.

In den letzten Jahrzehnten gab es aber ein überwiegend negatives Kämpferbild – in Deutschland letztlich geprägt durch die Nazizeit und den oft unseligen deutschen Militarismus. Soldaten und Polizisten mussten ihre Rolle gegen eine auch von der 68er-Bewegung geförderte Abneigung verteidigen. Eltern, vor allem Mütter, haben ihren Söhnen keine Spielzeuge gegeben, die an Waffen erinnern, in der Hoffnung, dass sie dadurch friedfertiger werden (und die Söhne haben sich natürlich meist Ersatz gesucht). Junge Christen haben in der Schule Konflikte entschärft und im Zivildienst meist eher versorgende, »weibliche« Aufgaben übernommen (was ihnen sicher guttat und den Altersgenossen beim Militär oft fehlte).

Ich habe den Eindruck, dass diese gesellschaftliche Phase nun eher vorbei ist. Frauen wollen einen »ganzen Mann«, keinen Softie, keinen zahnlosen Tiger (wenn sie nicht zu sehr von männlicher Brutalität verletzt wurden). In der Psychologie hat sich die Erkenntnis durchgesetzt, dass Aggressionen an sich nicht negativ sind, sondern dass sie in konstruktive Bahnen gelenkt werden müssen. Und auch in der Seelsorge sehen viele heute in Gefühlen wie Wut und Zorn nicht schon automatisch gleich Sünde, sondern erst da, wo falsch und zerstörerisch damit umgegangen wird. Jesus selbst gibt das beste Beispiel, als er in heiligem Zorn die Tische der Geldwechsler umstößt und mit einer Geißel aus Stricken die Händler aus dem Tempel vertreibt (Johannes 2,15). Wenn das nicht aggressiv ist! Auch seine unzähligen Konflikte mit den führenden Männern, vornehmlich über Heuchelei und Falschheit, zeugen von seiner kompromisslosen Kämpfer-Energie. Sein Tod und seine im Gebet errungene Bereitschaft dazu sind die Krönung: ein Kämpfer, der sein Leben hingibt.

Wir gewinnen ein positives Bild des Kämpfers aber nicht über Nacht zurück. Es wächst über Generationen durch positive Vorbilder. Und so sehen wir uns in unserer Gesellschaft und in der Kirche mit einem großen Mangel konfrontiert. Vielfach sind die Frauen eingesprungen – auch über ein gesundes Maß hinaus. Sie nehmen Entbehrungen auf sich, fordern mutig Veränderung ein und kämpfen dafür – während Männer froh sind, wenn es keine Konflikte gibt. Verrückte Welt? Ja, da ist wohl etwas verrückt worden. Wir sehen das auch an der in Europa populär gewordenen Leugnung des Bösen und Irrationalen – von der Politik bis zur Theologie.

Viele meinen heute, mit einem vernünftigen Gespräch sei doch alles zu lösen. Das entspricht aber nicht der Realität – und auch nicht den Aussagen der Bibel. Die mahnt uns allerdings, nicht »gegen Fleisch und Blut« zu kämpfen, sondern gegen die dahinter stehenden Mächte (Epheser 6,12). Es gibt das Böse, und auch deshalb ist der gute Kämpfer absolut notwendig und von Gott in uns hineingelegt.

Mangel an Kämpfer-Energie

Wir müssen bei uns selbst anfangen. Und zwar da, wo es wehtut. Ich könnte mir vorstellen, dass eine Menge Leser – so wie ich – beim Kämpfer einen schmerzlichen Mangel empfinden und vielleicht beim Weisen einen Überschuss (Weise können gar nicht genug lesen …).

Ein Ereignis meiner Kindheit steht dafür exemplarisch: In der fünften Klasse sollte es einen Stelzenwettlauf geben. Ich konnte gar nicht Stelzen laufen und traute mir auch nicht zu, es zu lernen. Später habe ich es einmal probiert, es geht eigentlich ganz leicht. Damals aber wollte ich wohl um keinen Preis als einer der Letzten durchs Ziel gehen. Mit geschnitztem Linoleum, einer Plätzchenform und eingesammeltem Blei vom Truppenübungsplatz (Ironie des Schicksals?) goss ich stattdessen die Medaillen für die Sieger. Eine reife Leistung für einen Zehnjährigen, die auch entsprechend honoriert wurde, ohne dass ich einen einzigen Meter auf Stelzen gelaufen war. Ich habe den Kämpfer übersprungen und gleich als Magier den König gekrönt! Ähnliche Geschichten haben vielleicht viele Männer, die heute Pastoren, Lehrer, Psychologen, Künstler oder Wissenschaftler sind.

Was soll daran so schlimm sein? Nun, Jahre später fällt es mir immer noch schwer, Nein zu sagen und mich abzugrenzen. Ich kann es schwer akzeptieren, etwas schlecht oder nur mittelmäßig zu können. Ich bin selten einfach ein Mann unter anderen, sondern immer in einer Sonderrolle. Ich verzichte ungern auf einen gewissen Komfort. Ich habe Mühe mit Disziplin und Ausdauer. Ich lasse mir nicht gern etwas sagen. Und manchmal werde ich sogar ein klein wenig wütend auf alle, die mir den Kämpfer vorenthalten haben – aber dann kann ich sie (so wie ich eben bin …) natürlich auch wieder verstehen.

Der dunkle Kämpfer

Es gibt immer zwei Formen von Gegenteil: die Abwesenheit oder das Negative. Die Zahl Eins hat als Gegenteil zum einen eine Null. Die Null schluckt Energie. Wenn man irgendetwas damit multiplizieren will, kommt immer Null dabei heraus. Das erleben wir beim Kämpfermangel.

Das andere Gegenteil ist Minus Eins (-1). Jetzt stimmt die Energie – aber es wird alles ins Gegenteil verkehrt, negativ aufgeladen. Liebe und Gleichgültigkeit stehen einander gegenüber. Aber auch Liebe und Hass.

Diese dunkle Seite gibt es bei jedem Archetypen, aber beim Kämpfer ist sie besonders offensichtlich, sodass viele die positive Seite gar nicht für möglich halten. Böse Kämpfer sorgen für unendlich viel Leid auf unserer Welt. Unterdrückung, Missbrauch und Gewalt sind die bösen Vorzeichen – ob in der Familie oder zwischen den Völkern. Verständlich, dass manche lieber ganz auf den Kämpfer verzichten wollen. Das funktioniert aber nicht. Der nicht integrierte Kämpfer treibt immer sein Unwesen. Es ist Mr. Hyde, der von Dr. Jekyll abgespalten ist. Ein Ansatzpunkt für Sünde, für Absonderung, für ein Doppelleben.

> Wenn König Jesus auf dem Thron meines Herzens sitzt, dann zeigt er mir die Schlachtfelder, in die ich ziehen muss.

Deswegen braucht der Kämpfer immer den König. Er weiß sonst von sich aus gar nicht, wofür er kämpfen soll. Wenn ihm keine guten Ziele gegeben werden, dann kämpft er etwa gegen die benachbarte Gang, gegen Ausländer und gegen Andersgläubige. Der »dunkle Kämpfer« ist also auch eine Folge des Mangels an guten Königen und Vätern. Er ist oft furchtbar naiv, sieht die Welt schwarz-weiß und ist deswegen ein leichtes Opfer für Manipulation: Wenn ein junger Mann sich etwa einen Sprengstoffgürtel umschnallt, ist ein bewundernswerter Kämpfer von grausamen Königen und Weisen aufs Furchtbarste missbraucht worden.

Was aber hat das mir zu sagen? Ich bin immer auch mein eigener innerer König. Ich kann meinem Kämpfer die richtigen Ziele geben. Ich kann meine Energie lenken. Und wenn König Jesus auf dem Thron meines Herzens sitzt, dann zeigt er mir die Schlachtfelder, in die ich ziehen muss. Dann habe ich seine Lehre, folge biblischen Vorbildern und Idealen. Dann gewinnt mein Kampf ein Ziel und einen Inhalt. Er warnt mich vor dem falschen Streit. Er tröstet und verarztet mich als verletzten Soldaten und gibt selbst meinen Niederlagen Sinn und Würde.

Kleine Schritte

Wir sollten die kleinen Siege auf dem Weg zu einem mutigen Kämpfer nicht gering schätzen. Für junge Männer ist es wichtig, dass sie auf die richtigen Übungsplätze geführt werden. Wir sollten sie nicht davor bewahren, im Jugendlager auf harten Matten zu liegen, länger zu laufen, als man eigentlich kann – und dann noch nicht einmal sein Lieblingsessen zu bekommen. Oder für den Missionseinsatz um die halbe Welt zu fliegen, dort im Dreck zu dienen und für das alles noch mit dem mühsam Ersparten zu zahlen.

Im Erwachsenenalter ist es vielleicht mehr Disziplin im Tagesablauf, Unangenehmes erledigen – oder ein Konflikt, dem ich nicht aus dem Weg gehe, obwohl alles in mir schreit: »Lass es gut sein!«

Die oberflächliche Beschäftigung und Arbeit mit den Bildern der Archetypen ist aber auch gefährlich, weil wir vielleicht dann nur im Äußeren etwas nachholen wollen, wo es letztlich um etwas Inneres geht. Ja, Sport hilft. Vielleicht auch Wettbewerb. Männergemeinschaft fördert fast automatisch den Kämpfer. Mit Büchern oder Filmen kann ich der kindlichen Faszination am guten Krieger nachspüren.

Wirklich wichtig ist aber, dass wir konfliktfähiger, mutiger und entschlossener werden. Das brauchen unsere Frauen und Kinder. Das braucht das Reich Gottes.

Und ich darf mich auch als Kämpfer beim himmlischen Vater fallen lassen und samt meinem Mangel geliebt wissen. Ich muss nicht alles können, nicht perfekt sein. Wir brauchen keine strahlenden Ritter, keine unbesiegbaren Muskelmänner und keine Doppelnullagenten. Wir sind einfache Bürger, müde Krieger, verletzte Soldaten, Anfänger und Dilettanten, die noch einmal in die Schlacht ziehen, weil ihr geliebter König ruft. Er ist nicht nur das Lamm, sondern auch der »Löwe von Juda«. Hörst du sein mächtiges Brüllen, den Schlachtruf, vor dem die Dunkelheit zittert?

Löwe von Juda

Wir stehn im Kampf von Dunkelheit und Licht
Ob wir es sehen wollen oder nicht
Die dunkle Macht will unser Herz zerstörn
Verhindern, dass wir Gottes Wahrheit hörn

Komm, unser Retter, Jesus, steh uns bei
Mach unsern Blick und unsre Herzen frei
Geh du im Kampf voran, wir folgen dir
In deinem Namen überwinden wir

Du lebst, und leben sollen nun auch wir
Und für das Leben kämpfen wir mit dir

Du bist der Löwe von Juda, der Sieger und Held
Im Kampf unser Bruder, der sich zu uns stellt
Du bist der König der Ehren, der Retter der Welt
Der Herr aller Herren
Der alle Macht in seinen Händen hält

Wenn uns der Mut zum Weitergehn verlässt
Mach unsre weichen Knie wieder fest
Du führst uns aus dem Tal der Traurigkeit
Auf deinen Berg, machst uns zum Kampf bereit

Wenn wir dich preisen, weicht die Dunkelheit
Und immer weiter werden wir befreit
Zu dem, was wir in Wirklichkeit schon sind
Voll Macht und Würde als ein Königskind

Du lebst, und leben sollen nun auch wir
Und für das Leben kämpfen wir mit dir

Du bist der Löwe von Juda, der Sieger und Held
Im Kampf unser Bruder, der sich zu uns stellt
Du bist der König der Ehren, der Retter der Welt
Der Herr aller Herren
Der alle Macht in seinen Händen hält

Text und Musik: Albert Frey
© 2006 FREYKLANG adm. by Gerth Medien, Asslar
Auf der CD »Für den König«

DER LIEBENDE

Das Risiko Liebe wagen

Der zweite Archetyp

Der Kämpfer und der Liebende – diese beiden Archetypen werden eher dem jungen Mann zugeordnet, der König und der Weise eher dem älteren.

Man(n) kann sich Gedanken machen, ob es sinnvoll und wichtig für junge Männer ist, zuerst den Kämpfer zu entwickeln und dann den Liebenden – etwa, um für die Geliebte ein gutes Gegenüber sein zu können und nicht grenzenlos in den Wirren der Liebe zu versinken. So empfiehlt es John Eldredge – zu Recht. Wo immer wir Einfluss auf junge Männer haben, ist es sinnvoll, ihre Selbstdisziplin und männliche Identität zu stärken, statt in das gleiche Horn zu blasen wie der Zeitgeist und die Werbewirtschaft, die sagen: Genieße, lebe deine Triebe aus und tu, was du willst. Der Liebende braucht den Kämpfer, aber der Kämpfer braucht auch den Liebenden!

Es gibt gute Gründe, auch in unserer Zeit den liebenden Mann zu betrachten und seine Energien bei Männern allen Alters zu fördern. Sonst kann es sein, dass wir ihn dann schmerzlich vermissen, diesen leidenschaftlichen Unruhestifter – und das gerade bei älteren Männern!

Zuerst muss ich zugeben, dass ich den Namen dieses zweiten Archetypen abgeändert habe. In der Männerliteratur wird »Lover« meist mit »Liebhaber« übersetzt. Das wollte ich natürlich christlichen Lesern nicht zumuten! Zu schnell denken wir an den Liebhaber, der sich im Schlafzimmerschrank versteckt, weil der Ehemann unerwartet früh nach Hause kommt. Oder an das nächste Klischee vom Hobby-Liebhaber, der seine Modelleisenbahn über immer weitere Räume seines Kellers ausdehnt, aus denen er kaum noch auftaucht. Nein, wir Christen wollen natürlich die reine, die wahre Liebe, die selbstlose Agape-Liebe. Lieb-haben hört sich für uns schon verdächtig nach Etwas-haben-Wollen an.

Aber ist das wirklich schlecht? Müssen wir nicht etwas haben, bevor wir es verschenken können? Die Leidenschaft der Liebe ist etwas

Ursprüngliches, Intuitives, kommt direkt aus dem Herzen, vielleicht sogar aus dem »Bauch«. Wenn wir sie neu entdecken wollen, müssen wir unten anfangen.

Was ist meine Vorliebe?

Schon der weise C. S. Lewis brauchte fast sein gesamtes Buch »Was man Liebe nennt«[5], um zur Agape zu kommen. Noch vor *Filia* (Freundschaft) und *Eros* beschäftigt er sich lange mit »Vor-Liebe«. Er lenkt unsere Aufmerksamkeit auf die kleinen und einfachen Dinge, die wir lieben. »Ich liebe es, bei Regen spazieren zu gehen.« Ein Satz, der sicher nicht auf jeden zutrifft – aber eine andere Dimension des Wortes klarmacht. Unsere Vorlieben machen einen guten Teil unserer Persönlichkeit aus.

In dem Film »Die Braut, die sich nicht traut« spielt Julia Roberts eine Frau, die nicht weiß, was sie mag. Sie passt sich deswegen immer ihren jeweiligen Verlobten an – lässt die dann aber im entscheidenden Moment jeweils vor dem Traualtar stehen, weil sie sich unbewusst fürchtet, unterzugehen. Die Ex-Verlobten werden dann im Verlauf des Films gefragt, in welcher Form ihre frühere Verlobte gerne ihre Frühstückseier mag. Jeder antwortet anders: Sie mag sie natürlich so, wie *er* sie mochte.

Unsere Vorlieben machen einen guten Teil unserer Persönlichkeit aus.

Am Ende des Films macht sie dann ein Experiment und bereitet sich eine ganze Palette an Frühstückseiern zu – hart, weich, Spiegelei, Rührei –, um herauszufinden, was *sie* eigentlich wirklich mag.

Ein wunderbarer Versuch, den ich nur empfehlen kann. Stehen nicht auch manche von uns in der Gefahr, unsere eigenen Wünsche immer hintanzustellen? Statt zu sagen, was wir wollen, und diese Wünsche mit anderen abzustimmen, spielen wir die bedürfnislos überlegenen Helden. Das schafft aber keine Beziehung. Wir wollen gute Arbeiter, Missionare, Ehemänner, Väter sein und lassen den »Schwachen«, den Frauen, Kindern und sonstigen Opfern unserer herablassenden Güte den Vortritt. Und am Ende beschweren sich doch alle, dass wir zu wenig »lieben« – ungerechte Welt.

Aber vielleicht kann ich ohne Vorliebe gar nicht wirklich zur größeren Liebe kommen? Manche müssen tatsächlich neu lernen, zu genießen. »Wer nicht genießt, ist ungenießbar«, sang Konstantin Wecker.

Ein Liebesgedicht schreiben

Statt dem Frühstücksei-Experiment habe ich einen anderen Vorschlag: Nimm ein Blatt und schreibe alles auf, was du liebst. Vielleicht wird es eine einfache Liste, vielleicht auch ein Gedicht. Vielleicht über etwas Spezielles, das dich gerade fasziniert, vielleicht ein Rundumschlag.

Ich liebe Naturfarben. Ich liebe Übergänge – vom Tag zur Nacht, vom Winter zum Frühjahr, von laut zu leise, von unscheinbar zu strahlend. Ich liebe es, wenn ich ganz in etwas versunken bin und nicht mehr über mich selbst nachdenke. Ich liebe es, wenn Andrea unerwartet lächelt und den Mund lustig verzieht. Ich liebe Tomaten und Chili. Ich liebe die Evangelien, weil ich nach all den Jahren immer noch finde, dass Jesus absolut cool mit allem umgeht, was passiert.

Auf einem Männerseminar vor einigen Jahren mussten wir auch so ein Gedicht schreiben. Ich schrieb eine blumige Aufzählung, schön geordnet von meinen Vorlieben über meine Frau bis zur Gottesliebe. In unserer Gruppe wurde dann ausgetauscht. Ein älterer Mann beschrieb, was er an seiner Frau liebt. Es war wenig mehr als das halbherzige Lob einer Haushälterin. Von Gott war bei kaum einem die Rede. Die meisten fanden die Aufgabe schwierig und wussten nicht, was sie schreiben sollten. Als ich die mageren Versuche der anderen hörte, war ich betroffen und spürte auch meine eigene Armut in Bezug auf die Liebe. Vielleicht hatte ich manches schön ausgedrückt und leichter in mir gefunden als andere Männer, die überhaupt keinen Zugang zu dieser Aufgabe und vielleicht auch zu ihren Herzen haben. Aber wenn wir wirklich nach der Liebe gefragt werden, stehen wir alle ganz hilflos da.

Die dunkle Seite

Bei vielen Männern (sicher nicht bei allen …) ist der Liebhaber verkümmert. Wir finden uns in einer wohlgeordneten Welt wieder, bei der frühere Leidenschaften zu Entscheidungen geführt haben (Ess- und Freizeitgewohnheiten, ein Beruf, eine Frau, ein Leben mit Gott), nun aber zur tagtäglichen Pflicht werden.

Bei manchen Männern bricht der Liebhaber dann unvermittelt mit seiner dunklen Seite durch: als Seitensprung, Doppelleben, Pornografie, Sucht. Alkohol, Drogen, übermäßiges Essen und vieles andere kann eine böse Versuchung werden, um das Hochgefühl der Liebe künstlich (und natürlich vergeblich) herzustellen. Wir können eben doch nicht ohne Liebe leben. Wenn der Weg zu echter Liebe zu schwer scheint, greifen viele verzweifelt nach traurigem Ersatz.

Vor allem Pornografie ist eine böse Falle für Männer. Das Internet bietet eine scheinbare Anonymität – gerade für gläubige Männer, die genau wissen, dass das nicht gut ist. Pornografie ist nicht nur keine wahre Liebe, sie verhindert und zerstört wahre Liebe. Sie gibt keine Männlichkeit, sie raubt sie. Sie vereint nicht, sondern trennt. Sie führt nicht zu Vertrautheit, sondern zu Heimlichkeit. Sie sensibilisiert nicht, sondern stumpft ab. Sie verkürzt das zauberhafte Spiel zwischen Mann und Frau auf einen lächerlichen Schlüssellochblick auf das, was eigentlich der Höhepunkt eines langen Weges sein sollte.

Ihr Männer, ich packe euch bei eurem männlichen Stolz und nicht bei eurer Moral: Das haben wir nicht nötig! Lieber verzichten als solch ein Müll! Das ist unter unserer Würde. Ganz abgesehen von der Würde der Frauen (und Kinder), die für die Pornografie missbraucht werden – ob es ihnen bewusst ist oder nicht. Und wo ein Mann in diesen Sumpf geraten ist, braucht er Befreiung und Hilfe, Bekenntnis und Seelsorge.

Männerfreundschaft

Unser Mangel wird auch deutlich, wenn Männer nach guten Freunden gefragt werden. Kollegen, Nachbarn, Bekannte aus der Gemeinde: ja. Aber Freunde? Gordon MacDonald mahnt uns mit gutem Grund, in Freunde zu investieren. Sie sind kein Luxus und kein Zufall. Wir tun gut daran, uns darum zu bemühen.

Wie das Entdecken unserer Vorlieben uns wieder offener für die Liebe macht, hilft auch die nächste Stufe, die Freundschaft, wieder offener für die Liebe zwischen Mann und Frau zu werden. Eine typisch weibliche Forderung lautet: »Wir brauchen mehr Zeit füreinander.« Das stimmt natürlich, aber es kann passieren, dass der Mann diese Zeit als unangenehm oder überfordernd erlebt, obwohl er seine Frau von Herzen liebt. Männer können nicht so leicht auf die Beziehungsebene umschalten. Wenn ein Mann zuerst qualitative Zeit mit sich selbst und mit Freunden verbringt und dabei Zugang zu seinem Herzen findet, hat seine Frau letztlich mehr von ihm – auch wenn unterm Strich vielleicht weniger Stunden bleiben.

Mir scheint es wie ein Crescendo: ein großes Wachsen von den Vorlieben über die Freundschaft und Partnerliebe bis zur Liebe zu allen Menschen, selbst zu den Fremden und Feinden. Ich werde misstrauisch, wenn Männer Stufen dieser Pyramide überspringen, wenn sie sich gleich den großen Dingen zuwenden, keine Hobbys, keine Freunde mehr haben, alles theoretisch und nichts konkret lieben …

Eros unter Generalverdacht?

Bei der Liebe zwischen Mann und Frau wird die Energie dieses Liebenden als Archetyp am deutlichsten. In unserer Kennenlern- und Verlobungszeit haben Andrea und ich versucht, uns jedes Wochenende zu treffen, obwohl wir 250 km entfernt wohnten. An einem Wochenende machte es keinen Sinn, weil ich bis Sonntagmittag eine Veranstaltung hatte. Am Nachmittag haben wir dann telefoniert. Nach etwa einer Stunde am Telefon war unser Verlangen, uns zu sehen, so groß, dass ich doch noch ins Auto gestiegen bin. Fünf Stunden Fahrt – um uns am Abend noch zwei Stunden zu sehen. Total unvernünftig, Geld-, Energie- und Zeitverschwendung. Und – eine wunderbare Erinnerung an die Entstehungszeit unserer Liebe, die wir keinen Moment bereut haben – und ich bin ein echter Schwabe, der Verschwendung hasst!

Liebe ist immer ein Risiko.

Wenn wir uns verlieben, erscheint plötzlich alles in einem anderen Licht. Liebe setzt ungeheure Energie frei, sprengt Grenzen und hat Macht, aufzubauen und zu zerstören. Liebe macht uns zu Sündern und zu Heiligen. Liebe ist immer ein Risiko. Wenn wir in der Kirche, in unseren Gemeinden oder als Einzelne zu viel Angst vor diesem Risiko haben, dann verschenken wir diese Energie und leben ein mittelmäßiges, freudloses und langweiliges Leben.

Ich habe auch die Befürchtung, dass viele Christen die erotische Anziehungskraft zwischen Mann und Frau immer noch unter Generalverdacht stellen. Jugendliche sollen sich nicht zu früh binden, Verliebte sollen nicht ihre sonstigen Aufgaben vernachlässigen. Altersunterschiede sind schwierig, Menschen aus gescheiterten Beziehungen sind verdächtig – alles richtig, aber die Liebe richtet sich nicht nach unserem Idealfahrplan, wo der ideale christliche junge Mann nach Beendung seiner Ausbildung direkt die richtige Frau kennenlernt, ein Jahr später heiratet und bis 30 mit ihr drei wunderhübsche Kinder hat. Plötzlich müssen wir uns überlegen, was wir mit all den Singles in der Gemeinde machen. Erst würgen wir den Motor der Liebe ab, dann versuchen wir, dem eingerosteten Karren wieder Starthilfe zu geben. Statt nur zu warnen, sollten wir das Hohelied der erotischen Liebe, wie Gott sie gedacht hat, umso lauter singen!

Maßloser Jesus?

Jesus überrascht uns, indem er Liebe vor »Gerechtigkeit« stellt. Er nimmt Einzelne heraus, schaut sie an, gewinnt sie lieb – statt sich um alle gleichmäßig zu kümmern. Er lässt sich eine ganze Flasche teures Parfüm über die Füße gießen und genießt es. Er lobt Maria, die ihm einfach nur zu Füßen sitzt, statt ihrer Schwester zu helfen. Er weint über seinen Freund Lazarus. Er hat »Lieblingsjünger«, sucht sich drei für besondere Momente heraus, lässt einen an seiner Brust ruhen. Jesus ist ein konkret und leidenschaftlich Liebender, er liebt nicht nur »die Welt« im Allgemeinen. Auch bei Franziskus finden wir diese heilige Liebes-Energie. Er liebt die Tiere, er liebt die Armen. Er war ein Verrückter der Liebe, ein Radikaler, der keine andere Regel wollte als allein das Wort Gottes.

Gott lieben

Was aber ist mit der Liebe zu Gott? Ist sie die Krönung unserer Pyramide? Ich bin mir nicht so sicher. Gott würde ich nicht gerne in die Reihe einbauen. Ich finde eher: Er sollte überall dabei sein. Hinter allem und in allem stecken. In der Natur, in der Kunst, in gutem Essen, in lieben Menschen, im Geschenk des geliebten Partners, in der Liebe, die keine Erwiderung mehr erwartet. Überall ist er zu finden für den, der mit liebenden Augen sieht. Er zeigt mir damit seine Liebe, und ich darf zurücklieben. Und an gewissen Punkten sage ich es ihm dann direkt und höre auf die Stimme seiner Liebe. Im Gebet, in der Anbetung, in der Stille vor ihm. Gott zu lieben kann nicht das Sahnehäubchen sein, es ist die Tiefendimension eines Menschen, der immer mehr – so wie Jesus – alles liebt.

Vielleicht haben wir als Männer Angst, dass wir nicht genug lieben – alles Mögliche und vor allem Gott. Wir fühlen uns in Beziehungen oft als Versager. Petrus wurde von Jesus gefragt, ob er ihn liebe, ausgerechnet nach seinem schlimmsten Versagen, der dreifachen Verleugnung. Ich habe oft der Antwort des Petrus nachgespürt, sie gesungen und gebetet: »Du weißt alles, Herr, du weißt, dass ich dich liebe«. Es tröstet mich sehr, dass Liebe in ihrem Kern nichts mit Leistung zu tun hat. Vielleicht mit einer Entscheidung, aber vor allem mit einem Ergriffensein. Petrus ist von Jesus gerufen worden, er hat ihn zuerst gewollt und geliebt, er ist die Mitte seines Lebens geworden – von ihm kommt er einfach nicht los, nicht einmal seine Schuld kann ihn von dieser Liebe trennen. Auch wir können wie Petrus in uns diese Liebe finden, das Feuer, das Jesus angezündet hat. Egal wie schwach und bedroht die Flamme sein mag: Sie soll brennen, immer mehr!

Die Grundempfehlung dieses Kapitels heißt wohl: Lerne zu lieben und fange unten an. Aber am Ende möchte ich sie auf den Kopf stellen und sagen: Lass dich von Gott lieben, lass dich füllen, höre auf die Stimme seiner Liebe! Der Liebende muss zuerst der Geliebte sein.

Zuerst geliebt

Bevor ich dich kannte, meinen Herrn nannte
Bevor mein Herz brannte, war ich schon geliebt
In dunklen Stunden, mit meinen Wunden
In meinen Sünden, war ich schon geliebt

Du gabst mir dein Wort
Ich geb nur Antwort darauf

Jesus, ich lieb dich, du bist mein König
Und mein Herz sehnt sich nach mehr von dir
Jesus, ich brauch dich, auf dich vertrau ich
Jesus, du hast mich zuerst geliebt

Wenn ich mit dir ringe oder dir singe
Auch wenn ich nichts bringe, ich bleibe geliebt
Wenn ich vor dir fliehe, mich dir entziehe
Oder dir diene, ich bleibe geliebt

Du gabst mir dein Wort
Ich geb nur Antwort darauf

Jesus, ich lieb dich, du bist mein König
Und mein Herz sehnt sich nach mehr von dir
Jesus, ich brauch dich, auf dich vertrau ich
Jesus, du hast mich zuerst geliebt

Alle Welt soll es hörn, was mir deine Liebe gibt
Ich will lieben, denn du hast mich zuerst geliebt

Du gabst mir dein Wort
Ich geb nur Antwort darauf

Jesus, ich lieb dich, du bist mein König
Und mein Herz sehnt sich nach mehr von dir
Jesus, ich brauch dich, auf dich vertrau ich
Jesus, du hast mich zuerst geliebt

Text: Albert Frey & Andrea Adams-Frey, Musik: Albert Frey
© 2008 FREYKLANG adm. by Gerth Medien, Asslar
Auf der CD »Zuerst geliebt«

VATER-ENERGIE

Empfangen und weitergeben

Vaterwunde

Nach dem Kämpfer und dem Liebenden wäre in der Reihe der Archetypen jetzt der König dran. Aber mein Gefühl rät, dass wir uns erst noch mit dem Vater beschäftigen sollten. Der Vater hat dieselbe Energie wie der König – positive, Leben schaffende Autorität. Aber er steht mehr für das Innere, das Familiäre.

Hier muss ich als Autor einen etwas anderen Standpunkt einnehmen als bisher. Ich habe keine eigenen Kinder und bin auch vom Lebensalter noch nicht wirklich in der Vater-/Königsphase, die Richard Rohr ab 50 ansetzt. Sehr wohl aber profitiere ich von Vater-Energie, wo immer sie mir begegnet – und leide unter dem Mangel daran. Unter Vater-Energie verstehe ich die besondere Liebes- und Lebenskraft, die aus dem Herzen eines Vaters fließt.

Robert Bly diagnostizierte schon in den 80er Jahren in seinem Männerklassiker »Eisenhans« für die amerikanische Gesellschaft eine tiefe Vaterwunde. Eine Ursache sieht er darin, dass Jungen nicht mehr sehen können, was ihre Väter den ganzen Tag über tun. Es geht nicht nur darum, dass sie deren Fertigkeiten nicht mehr natürlich lernen. Die Seele erhält keine männliche väterliche Energie mehr. Frauen und fremde Lehrer allein können dieses tiefe Bedürfnis nicht stillen. Wenn wir jetzt noch die ungleich schwierigere Situation 25 Jahre später betrachten, in denen sich die Familienstrukturen weiter aufgelöst haben, und wenn wir die spezielle deutsche Vaterlosigkeit auch drei Generationen nach dem Krieg einbeziehen, ahnen wir, wie tief das Vaterloch bei uns heute ist. In so vielen Familien sind Väter nicht vorhanden oder emotional selbst noch Kinder.

Matthias Hoffmann, Pastor der Ichthys-Gemeinde in Hannover und eine der Leitfiguren einer neuen Vater-Bewegung, glaubt, dass Gott auf diese Not reagiert, indem er sich in unserer Zeit ganz besonders als Vater offenbart. Er stellt fest, dass das apostolische Glaubensbekenntnis wenig über den Vater und viel über Jesus sagt. Ich muss zugeben, dass ich mich auch schon über dieses Ungleichgewicht gewundert habe. Egal, ob wir an eine historische Gnadenzeit der Vateroffenbarung glauben oder einfach nur im himmlischen Vater die erste Quelle sehen – wir alle brauchen diese Energie. Ich möchte es ganz deutlich sagen: Gottes Vaterliebe auftanken ist nicht nur eine Medizin für Zukurzgekommene oder eine spezielle Form der Spiritualität für Gefühlsbetonte, sondern eine absolute Notwendigkeit für jeden von uns.

Der beste Vater und die beste Mutter der Welt hätten uns nicht all die Annahme und Ermutigung geben können, die wir brauchen. Wenn es so wäre, wären wir völlig frei von Minderwertigkeitsgefühl und Geltungsdrang, Neid und Konkurrenzstreben, Habsucht und Gier. Unsere Vaterwunde aber kann uns zum Segen werden, wenn sie uns in die Arme des himmlischen Vaters treibt. Gott lässt uns diese ewige Unzufriedenheit, damit unsere Sehnsucht nicht mit weniger als dem Ewig-Vater zufrieden ist.

Die Stimme des Vaters hören

Ich meine, dass Gott zwei Wege hat, um uns diese Vater-Energie zu geben. Der erste liegt in der persönlichen Beziehung, in der direkten Begegnung mit ihm. Er will sich mir persönlich als liebender Vater offenbaren, immer wieder und immer tiefer. Dazu muss ich nicht nur Neues von ihm hören, sondern falsche Vorstellungen, falsche Prägungen über ihn als Vater müssen zerstört werden. Die Schutzmauer um mein Herz, die verhindert, dass wirklich etwas an mich herankommt, muss abgebaut werden. Dann kann ich vielleicht die ganz einfachen Aussagen, die Bibelstellen aus dem ersten Abend des Alpha-Kurses, über die ich möglicherweise selbst schon oft gelehrt habe, wirklich verstehen, ergreifen, davon leben.

Eine Filmszene aus »Good Will Hunting« macht das anschaulich: Matt Damon spielt einen hochbegabten, aber gewalttätigen jungen Mann. Er wird von einem Richter vor die Wahl gestellt: Therapie oder Knast. So gerät er an einen Psychologen, gespielt von Robin Williams. Dieser kommt nicht weiter mit ihm, weil der clevere Bursche schon alle Bücher gelesen hat und alle Psychotricks durchschaut. Es kommt heraus, dass er von seinem Vater schwer misshandelt wurde. In der letzten Sitzung schließlich geht der Psychologe auf ihn zu und sagt: »Du kannst nichts dafür.« Er bleibt cool und antwortet lässig: »Ja klar, ich weiß.« Aber der Arzt bleibt dran, kommt immer näher und wiederholt nur immer wieder diesen einen Satz, bis endlich die Tränen rollen und der verletzte Junge die erleichternde Botschaft an sich heranlassen kann. Diese Geschichte scheint mir wie ein Sinnbild unserer Haltung als »gute Christen« zur Vaterliebe Gottes. »Ja klar, ich weiß!« – Nein, du hast noch keine Ahnung, was es wirklich heißt, dass Gott dich bedingungslos liebt!

Vielleicht haben wir sogar vor Jahren ein, zwei Vater-Bücher gelesen oder ein entsprechendes Seminar besucht und dachten, wir könnten uns nun den Themen für die Fortgeschrittenen, der »festen Speise« zuwenden. Was für ein Irrtum!

Wir müssen diese Stimme der Liebe hören. Hier werde ich ganz charismatisch: Ich bin überzeugt, dass wir in der Stille in unserem Inneren prophetisch wahrnehmen können, was Gott, der Vater, mir persönlich sagt. Es sind Vater-Worte, die ganz persönlich auf mich zugeschnitten sind. Wir sollten nicht mit weniger zufrieden sein. Und wir sollten immer wieder auf diese Stimme hören.

Gottes Vaterliebe auftanken ist eine absolute Notwendigkeit für jeden von uns.

Jesus musste sie mehrfach hören: Du bist mein geliebter Sohn, an dir habe ich Wohlgefallen (Matthäus 3,17; 17,5). Henri Nouwen bringt es auf den Punkt, indem er genau hier die wahre Identität auch für jeden von uns sieht: »Es ist die ständige Wiederkehr zu der Wahrheit, wer wir sind, und die Inanspruchnahme dieser Wahrheit durch uns. Ich bin nicht, was ich leiste. Ich bin nicht, was die Leute von mir halten. Ich bin nicht, was ich habe. Wenngleich nichts Unrechtes daran ist, Erfolg zu haben, berühmt zu sein, Macht zu besitzen, ist unsere geistliche Identität letztlich nicht in der Welt verwurzelt, nicht in dem, was die Welt mir gibt. Mein Leben ist in meiner geistlichen Identität verwurzelt. Was auch immer wir tun: Wir müssen regelmäßig an den Ort dieser wesentlichen Identität zurückkehren.«[6] Die klassische »Stille Zeit« wird dafür möglicherweise nicht reichen. Viele Männer machen die Erfahrung, dass sich erst nach Stunden oder Tagen der Einsamkeit die Ohren für diese Stimme aus dem Himmel öffnen. Allein in die Berge, Schweigetage im Kloster – wenn wir nur mit *einem* persönlichen Satz des Vaters zurückkommen, ist diese Zeit mehr als gut investiert. Und so wächst immer mehr eine echte Beziehung zum Vater im Himmel, auch wenn wir diese mit unserem leiblichen Vater nie hatten.

»Eine Reise zum Vaterherzen Gottes« – so habe ich schon 1998 eine CD mit Vater-Liedern genannt. Ich bin nach wie vor auf diesem Weg.

Wie ist der Vater wirklich?

Da ich mich zuerst an Männer wende, will ich nicht zu tief auf die Frage von Vater- und/oder Mutterschaft eingehen. Wenn wir nur vom Vater reden, muss die mütterliche Seite inbegriffen sein. Vielleicht könnte man sagen, dass sich die »Mutterbotschaft« eher um Annahme, Geborgenheit, Schutz und Versorgung dreht. Wir dürfen als Männer nicht zu cool sein, um diese elementaren Zusagen von Gott zu hören. Sie sind (geistlich) lebensnotwendig. Die männliche Vaterbotschaft ist vielleicht eher ein Zutrauen, eine Ermutigung, Bestätigung. Wenn der Vater sagt: »Du kannst das!«, dann kannst du es. Es ist verrückt, wie einfach die Welt sein kann. Ein einfacher Satz kann mehr Kraft haben als viele Bücher und Kurse – wenn er diese Vater-Energie in sich trägt.

Wir brauchen die bedingungslose Annahme, aber wir brauchen auch die Erziehung Gottes an uns.

Als ich vor einiger Zeit über »Vater und König« predigte, machte mich ein guter Freund darauf aufmerksam, dass in meiner Darstellung der »Vater« etwas zu weich und der »König« etwas zu hart geraten war. Man hätte fast den Eindruck haben können, der Vater *fördert* nur, der König dagegen *fordert* nur. Eine Schieflage, die wohl mit meiner eigenen Geschichte zu tun hat. Diese Korrektur habe ich mir sehr zu Herzen genommen. Tatsächlich tun beide beides. Der Unterschied liegt in dem Reich, um das es geht. Beim König weitet sich der Blick auf unseren gesamten Einflussbereich. Wir müssen uns aber hüten, den Vater nur als lieben Daddy darzustellen. Vielleicht hat gerade das viele Männer abgeschreckt, wenn es um Gott als Vater ging – und sie so um die geistliche Vater-Erfahrung gebracht. Ja, wir brauchen die bedingungslose Annahme, aber wir brauchen auch die Erziehung, die Konsequenz, die Forderung Gottes an uns. Wenn die Vater-Welle nicht schon abgeklungen ist, sondern erst richtig im Kommen – und davon bin ich überzeugt –, dann brauchen wir den Vater in seiner ganzen biblischen Fülle.

Philippus sagt prophetisch: »Herr zeige uns den Vater, das genügt!« Jesus aber verweist auf sich selbst: »Schon so lange bin ich bei euch, und du hast mich nicht erkannt?« (Johannes 14,8-10). In Jesus selbst sehen wir den Vater, er ist sein perfektes Abbild und zugleich unser Modell für die Beziehung zu Gott-Vater.

Selbst Vater werden

Der andere Weg, den Gott nutzt, um unsere Vaterwunde zu heilen, ist menschliche Vaterschaft. Hier liegt die Aufgabe des Archetypen – vom Vater bis zum König. Zunächst natürlich für die eigenen Kinder. Eine gewaltige, eine zutiefst geistliche Aufgabe. Aber es geht weiter. Überall dort, wo wir Einfluss auf geistliche oder fachliche Söhne und Töchter haben, sind wir gefragt, diese Vater-Energie weiterzugeben, die wir hoffentlich vorher selbst aufgenommen haben.

Schon ein 25-jähriger Gruppenleiter kann so für einen Jugendlichen zur lebenswichtigen, aufbauenden und bestätigenden Stimme werden. Als Vorbilder, Lehrer, Leiter geht die Aufgabe weiter bis zum »Groß-Vater«. Der Opa ist in unserer Gesellschaft meist ein »Klein-Vater«, eine freundliche Witzfigur, die »es nicht mehr blickt«. Was für ein tragischer Verlust! Die Väter mittleren Alters können oft noch gar nicht genug Vater-Energie für ihre Aufgaben haben. Sie sind noch so sehr mit sich selbst beschäftigt, stecken noch mitten in der Reise als Liebhaber und Kämpfer. Der »Groß-Vater« hat einen Überschuss an Leben, er hat den größten Teil der Reise hinter sich. Er muss nichts mehr beweisen, er kann sein – und an diesem Sein jüngere Männer teilhaben lassen. Viele suchen die geistlichen Großväter heute im Ausland, in unseren eigenen Gemeinden scheinen wir oft so wenige zu haben. Das betrifft vor allem die Gruppen, die aus Jugendbewegungen der 80er entstanden sind. Die jetzigen Leiter sind die erste Generation, sie müssen weite Wege gehen, um die 70-Jährigen zu finden, die ihnen wirklich etwas zu sagen haben.

Bei menschlicher Vaterschaft stoßen wir auch immer an unsere Grenzen. Der Hunger ist so groß, die Hungrigen sind so viele. Wir müssen uns damit begnügen, nur einigen wenigen Vater-Energie weiterzugeben zu können, und das auch nur in begrenztem Maß. Immer wieder können wir nur auf Gott selbst verweisen. Vielleicht ist es gerade für uns Männer hilfreich, wenn wir nicht dem Leitbild eines vollkommenen Vaters nach-eifern, sondern dem des »wounded healer« – des Verletzten, der anderen Verletzten helfen kann, weil er die Not selbst kennt.

Manfred Lanz, ehemaliges Vorstandsmitglied im Bund Freikirchlicher Pfingstgemeinden, wählt in seinem Buch »Leben in der Liebe des Vaters«[7] und in seinem Dienst auch unter Leitern diesen Weg: Er erzählt seine Geschichte, seinen Zusammenbruch unter dem Druck eines leistungs-orientierten Glaubens und verweist auf seine neu gefundene Quelle in der Vaterliebe Gottes. Ich kenne ihn »vorher und nachher«. Er war ein beeindruckender Pastor. Jetzt kommt bei mir vor allem anderen die Vater-Energie an.

Wenn wir Männer nur so werden könnten: je älter, je mehr! Die Men-schen würden sich wohl in unserer Gegenwart fühlen, würden neues Vertrauen fassen, neuen Lebensmut. Denn jeder sehnt sich nach dem Vater.

Deine Liebe

Deine Liebe zieht mich heimwärts
Deine Liebe hat Geduld
Deine Liebe ruft zur Umkehr
Rechnet nicht nach meiner Schuld

Deine Liebe überwindet
Alles, was mich zu dir hindert
Deine Liebe nimmt mich an

Ich laufe los, los, los in deine offenen Arme
Vater, deine Liebe endet nie
Ich laufe los, los, los von deiner Liebe gezogen
Vater, du gibst Lebensenergie

Deine Liebe gibt mir Flügel
Deine Liebe baut mich auf
Deine Liebe lässt mich singen
Sie ist alles, was ich brauch

Deine Liebe macht mich sicher
Immer unerschütterlicher
Deine Liebe setzt mich frei

Ich laufe los, los, los mit deinem Segen im Rücken
Vater, deine Liebe endet nie
Ich laufe los, los, los von deiner Liebe getrieben
Vater, du gibst Lebensenergie

Text und Musik: Albert Frey
© 2006 FREYKLANG adm. by Gerth Medien, Asslar
Auf der CD »Für den König«

DER KÖNIG

Wahre Autorität und gute Macht

Alte Bilder

Januar 2009, Promikon, christliche Musikmesse, Podiumsdiskussion über die Lobpreiskultur. Der Moderator fragt, ob der These des Buches »Lobpreis wie Popcorn?« von Nick Page[8] zuzustimmen sei, dass in unseren Liedern ständig veraltete und unverständliche Bilder wie *Lamm* oder *König* verwendet werden. Trotz guter und wichtiger Ansätze des Buches lege ich an dieser Stelle Protest ein. Ich weiß nicht, ob sich für das *Opferlamm* ein moderneres Bild finden lässt. Und ich weiß auch nicht, ob es statt des *Königs* verständlichere Bilder für höchste Autorität gibt. Ich weiß nur, dass wir beides dringend brauchen – und dass wir die ewige Genialität der biblischen Bildersprache nicht unterschätzen sollten, die ganz am Ende gerade diese beiden Bilder zusammenführt: *das Lamm auf dem Thron.* Wow! So ist wahre Autorität. Und das Gegenteil? Der Wolf im Schafspelz! Ich für meinen Teil ziehe es vor – so mein Beitrag zur Diskussion –, diese alten Bilder neu zu entdecken, zu erklären, zu beleben. Ich muss allerdings zugeben, dass ich den *König* in der Anbetung erst durch mein Interesse an archaischen Seelenbildern wiederentdeckt habe. Früher schien er mir auch ein Relikt der Kirchensprache. Die Werbestrategen kennen die Seele des Mannes anscheinend besser. Sie sprechen – etwa in der Bierwerbung – clever den König im modernen Mann an.

Kasperletheater

Ende der 90er Jahre, Gespräch im Bandbus irgendwo auf der Autobahn. Ich erzähle den Musikern von dem witzigen und geistreichen Beitrag eines Puppenspielers in einem alternativen Gottesdienst, der das Kasperletheater als Typenlehre entfaltet. Zuerst die Frauen: einfältige Gretel, verwöhnte Prinzessin, böse Hexe, naive Oma (mehr dazu im Kapitel 9). Politisch überhaupt nicht korrekt, aber oft so »unverschämt« treffend, wie nur Kinder – und der Volksmund sein können. Auch die Männer bekommen ihr Fett ab: der unfähige Polizist, der dumme Räuber, der hinterlistige Zauberer und natürlich der aufgeblasene König. Und in all dem der Narr – das Kasperle – als der einzig Vernünftige. Die Musiker sind begeistert. Wir fangen an, die Rollen zu verteilen. Schließlich beschreibe ich den wahren König. Er strahlt Ruhe und Gelassenheit aus, behält den Überblick, gibt anderen ihre Aufgaben. »Das bist du!«, höre ich aufmunternd. Aber ich bin noch nicht zufrieden. Der König hat doch auch eine dunkle Seite: Er ist stolz und aufgeblasen, will alles kontrollieren und bestimmen. Die Musiker lachen: »Ja, das bist du!« Du bist der Mann!

Die Archetypen

Ich glaube zwar nicht, dass der *König* meine größte Stärke ist, aber in dem Zusammenhang habe ich als Bandleader wohl einiges davon verkörpert. Nun sind wir also beim dritten der vier männlichen Archetypen angekommen.

Bisher haben wir den *Liebhaber* betrachtet, dessen dunkle Seite der Räuber ist: Er will nur noch haben und nicht lieben. Das kenne ich gut. Mich für etwas begeistern, etwas wertschätzen. Aber auch etwas haben wollen. Nicht genug bekommen.

Wir haben den *Kämpfer* betrachtet, der als Polizist im Kasperletheater keine rechte Hilfe ist, weil er immer den falschen Leuten eins überzieht. Sehr sinnig! Dieser Typ ist mir persönlich eher fremd, weil ich lieber gar keine Grenzen setze, als einen Fehler zu machen. Statt *Nein* wäre mir ein *sowohl als auch* viel lieber – womit wir bereits beim *Weisen*, beim Zauberer wären. Aber der sollte erst später die Bühne betreten, sonst können sich die anderen Figuren nicht entfalten. Jetzt kommt der *König*. Alle halten den Atem an. Wenn es ein böser König ist: vor Angst; wenn es ein schwacher König ist: aus Enttäuschung; ein guter: vor Freude; ein märchenhafter: aus Sehnsucht. Der König hat Macht. Das zeichnet ihn aus. Der *Kämpfer* dient der Macht, der *Liebende* widersetzt sich gerne der Macht, aber der *König* hat sie. Ob er will oder nicht, das Schicksal anderer liegt in seiner Hand. Und sein Charakter wirkt sich sehr direkt aus – auf die Menschen um ihn, auf sein Reich.

Macht

Im Lateinischen gibt es zwei Begriffe für Macht, die uns hier sehr helfen können: *Potestas* ist die verliehene Macht, politische, militärische, hierarchische, finanzielle. Davon spricht Jesus gegenüber Pilatus, wenn er sagt: »Du hättest keine Macht über mich, wenn es dir nicht von oben gegeben wäre« (Johannes 19,11). Oben ist zunächst der Kaiser. Aber der Satz ist wie so vieles bei Jesus doppeldeutig. Der Vater im Himmel, der wirklich »oben« ist, lässt zu, was hier geschieht, damit sich der Heilsplan erfüllt.

Aber zurück zur *Potestas*. Das Problem ist, dass Menschen immer wieder Macht übertragen bekommen, die sie überfordert, der sie nicht gewachsen sind. Führer, Leiter, Lehrer, Väter – wir alle haben hier versagt, indem wir den Einfluss, der uns gegeben wurde, nicht zum Besten genutzt haben. Deshalb spricht Jesus von der Treue, die sich erst im Kleinen bewähren muss (Lukas 19,17). Wir müssen erst innerlich wachsen, bevor wir mit Macht gut umgehen können.

Jesus sagt nicht, dass wir nur dienen und auf Macht verzichten sollten. Er lehrt uns, *wie* wir führen sollen.

Auctoritas meint die Macht, die ich aus mir selbst heraus habe, unabhängig von dem, was andere mir geben oder vorenthalten: Autorität. Martin Luther King, Gandhi, Mutter Teresa oder Nelson Mandela im Gefängnis hatten keine *Potestas*, aber sehr viel *Auctoritas* – und haben damit die Welt verändert. Das Maximum an *Auctoritas* aber sehen wir bei Jesus ausgerechnet dort, wo er vor Pilatus steht und ihm alle äußere Macht genommen wird. Jetzt sagt er von sich selbst: »Ja, ich bin ein König« (Johannes 18,37). »So bist du dennoch ein König?« – das ist auch für uns eine interessante Frage! Macht, die keine Gewalt braucht. Ein Königreich nicht von dieser Welt. Nach solchen Königen sehnen sich unsere Gesellschaft, unsere Kirchen, unsere Familien so sehr.

Wir alle haben Machtmissbrauch erlebt, und wir sind skeptisch gegenüber Menschen in Machtpositionen, aber oft auch uns selbst gegenüber – und verzichten lieber. So wird aber das Reich Gottes nicht gebaut! Jesus nimmt uns beiseite, um uns wahre Autorität zu lehren: »Die Könige herrschen über ihre Völker, und die Mächtigen lassen sich Wohltäter nennen. Bei euch aber soll es nicht so sein, sondern der Größte unter euch soll werden wie der Kleinste, und der Führende soll werden wie der Dienende« (Lukas 22,25-26).

Je nachdem, wie wir geprägt, vielleicht auch verletzt sind, dürfen wir hier Unterschiedliches heraushören. Bei denen, die sich gerne vordrängen, mahnt Jesus die dienende Haltung an. Die Zaghaften ermutigt er, zu führen. Er sagt nicht, dass wir nur dienen und auf Macht verzichten sollten. Er lehrt uns, *wie* wir führen sollen.

Einheit

In der Artussage lernen wir etwas über eine wichtige Aufgabe des Königs: König Artus sammelt die zuvor verfeindeten Ritter in seiner Tafelrunde – das heißt, einer Gemeinschaft, die kein Oben und Unten in der Tischordnung kennt. Er beendet also eine unselige Zerstrittenheit und eint das Land zum Wohle aller. Umgekehrt dürfen wir schließen, dass dort, wo es an Einheit mangelt, wo wir uns spalten und in Flügelkämpfen aufreiben, der König fehlt oder versagt, soweit es in seiner Macht stand. Hätte ein weiserer Papst Leo X. Luthers Reformation in die Kirche integrieren können? Hätte ein weiserer Präsident Bush den Terror so beantworten können, dass er sich durch seine Bekämpfung nicht noch verschlimmert? Hätte ich selbst Brüche in meiner Lebensgeschichte vermeiden können? Schwere Fragen! Wenn wir Splitter im Auge der anderen erkennen, müssen wir uns zuerst um unsere Balken kümmern – also um unseren inneren König.

Der innere König

In der Traumdeutung gibt es zwei Möglichkeiten der Auslegung. Erstens: Die Personen, von denen ich träume, sind real oder stehen für andere, mit denen ich in Beziehung bin. Wenn ich von meinem Bruder träume, dann geht es um meinen Bruder und meine Beziehung zu ihm. Bei der zweiten Deutungsvariante sind alle Figuren nur Stimmen in mir. Ich bin ja der Autor meines Traumes, ich weise allen Figuren ihre Rollen zu. Das kann bestürzend sein, denn nun habe ich ja die Konflikte in mir – vielleicht sogar das Böse, das ich vorher noch jemand anderem zuweisen konnte. Ich würde hier noch als Drittes die geistliche Ebene ergänzen: In Träumen kann Gott zu mir sprechen. Es kann aber auch sein, dass ich in Träumen mit dem Bösen konfrontiert bin, das weder von mir noch von meinen Mitmenschen kommt.

Bei den Archetypen scheint es mir ganz ähnlich zu sein. Sie erklären »Typen« und Rollen in einem Beziehungsgefüge (erste Ebene). Sie haben geistliche Bedeutung (dritte Ebene). Und ich habe auch alle vier in mir (zweite Ebene). Jeder Mann ist auch ein König. Zuerst bin ich mein eigener, innerer König, regiere mich selbst. Vielleicht meint Paulus das in einem tieferen Sinn mit der Geistesfrucht der *Selbstbeherrschung* (Galater 5,23).

Hier stoßen wir übrigens auf ein wunderbares Paradoxon, um das gerade in der Zeitschrift AUFATMEN schon seit geraumer Zeit gerungen wird: Soll ich selbst auf meinem inneren Thron sitzen – oder Jesus? Selbstfindung oder Selbstverleugnung? Erst verleugnen, damit ich mich wirklich finden kann? Oder doch lieber erst mein wahres Selbst aufbauen, damit ich wirklich geben kann? Muss ich nur mein falsches Selbst verleugnen, mein wahres aber – wie den Nächsten – lieben?

Nachdem in christlicher Seelsorge und Therapie (und auch in der Männerarbeit) viel an Ich-Stärkung und Identitätsfindung gearbeitet wird, warnt Prof. Dr. Gerl-Falkovitz: »Vorsicht vor dem nur identischen Ich!« (Untertitel ihres Referates »Sich finden und sich verlassen« auf dem 6. Internationalen Kongress für Psychotherapie und Seelsorge).

Ich will dazu nur ergänzen: Vorsicht vor zu einfachen Antworten! Bei Gott stimmt beides gleichzeitig, er hat (mindestens …) eine Dimension mehr. Bei uns stimmt mal das eine, mal das andere. Auf jeden Fall aber darf die Unterordnung unter die Autorität Jesu nicht zur Ausrede werden, meine eigene königliche Verantwortung nicht wahrzunehmen! Und die wunderbare christliche Lehre von Selbstbestimmung und königlicher Würde jedes Einzelnen darf uns zugleich nicht vergessen lassen, dass wir unser Leben für Jesus verlieren, hingeben sollen. Am Ende muss sich jedes Knie vor der höchsten Autorität, vor unserem König Jesus beugen.

Wie geht es dem König?

Stellen wir uns also dem Zustand unseres inneren Königs:

▸ Will ich oft meine Ruhe haben, mich nicht einmischen, bin ich träge und zufrieden mit dem, wie es nun mal ist, obwohl vieles im Argen liegt? Dann bin ich ein schwacher König. Mein Reich ist klein, und mein Land gedeiht nicht so recht. Vielleicht glaube ich nicht an meine Macht, meine

Möglichkeiten. Vielleicht traut mir niemand etwas zu – am wenigsten ich selbst. Dann wird es Zeit, dass der innere König gerufen wird, seine Aufgabe wahrzunehmen, sich nicht länger zu drücken. König Jesus ruft, mit ihm zu *herrschen*!

▶ Oder bin ich oft wütend, jähzornig, ungerecht? Dann bin ich ein gefährlicher König. Meine *Potestas* ist zu groß und meine *Auctoritas* zu klein. Mein Zorn deutet auf eine innere Ohnmacht hin. Der König ist krank. Entweder meine Befugnisse müssen abnehmen oder meine Charakterstärke, meine innere Gesundheit, muss zunehmen. Am besten beides.

In »Der Herr der Ringe« gibt es gleich zwei Geschichten von Königen, die ihre Aufgabe nicht wahrnehmen. Theoden, König von Rohan, ist durch den Einfluss böser Mächte gelähmt und vorzeitig gealtert. Sein Reich zerfällt, er kann dem Bösen keinen Widerstand mehr leisten. Er muss von diesem Einfluss befreit werden. Die Szene erinnert an biblische Dämonenaustreibungen. Nun gewinnt er seine alte Kraft zurück, ergreift sein Schwert und kann sich um sein Volk kümmern.

Die größere Geschichte ist aber die von Aragorn, dem Erben Isildurs und damit dem höchsten Thron von Mittelerde. Isildur hat damals versagt und dem Bösen nicht widerstanden. Aragorn hat Angst, dass er auch nicht stark genug sein könnte, und wird zum Waldläufer. Erst am Ende der Geschichte kommt die Szene, in der er seine königliche Berufung annimmt und gekrönt wird. Da schlagen Männerherzen höher, und Frauentränen fließen. Wir wissen einfach um die allgemeingültige Wahrheit dieser Berufung – selbst als Kinobesucher mit einer Tüte Popcorn in der Hand.

Die Krone annehmen

Es geht also immer darum, dass der König befreit wird, dass er gesund wird, zu seiner wahren Stärke findet und seine Aufgaben wahrnehmen kann. Das ist das große Ziel christlicher Männerarbeit. Ab und zu begleite ich meine Frau Andrea, wenn sie auf Frauen-Veranstaltungen singt oder referiert. Dort habe ich schon erlebt, dass jede Teilnehmerin eine Krone als Symbol ihrer gottgegebenen Würde bekommen hat. Das wäre uns Männern vermutlich zu peinlich. Aber wir müssen einander dennoch helfen, diese Krone anzunehmen. Petrus ruft uns zu: »Ihr seid eine königliche

Priesterschaft!« (1. Petrus 2,9). Und wenn wir unsere Kronen in Besitz genommen haben, dann legen wir sie nieder vor König Jesus!

Ich weiß, ich weiß: Vor lauter hehren Königsgefühlen hebe ich gerne ab und verliere die Bodenhaftung. Der Alltag ist oft so banal und würdelos. Du kommst heim vom Männerseminar, aufgerichtet und bereit, deine wahre Bestimmung zu leben. Dann missdeuten Kollegen und Freunde oder Frau und Kinder dein neues Selbstbewusstsein als Machogehabe und reagieren mit Spott (»Papa kommt frisch vom Männertreffen, das legt sich schon wieder …«). Du willst gerade von ewigen Wahrheiten erzählen, da wirst du aufgefordert, den Müll rauszubringen – was du natürlich wieder vergessen hast. Dann schnapp dir die Mülltüte, lächle wissend in dich hinein und sage: »Und ich bin dennoch ein König!«

Du bist unser König

Hosanna, Hosanna, Hosanna!

Du kommst auf dem Esel voller Demut
Du weckst unsre Liebe, unsern Mut
Wir legen die Kleider dir zu Füßen
Die Herzen fliegen dir zu
Der Jubel kommt aus dem Mund von Kindern
Aus einfachen Herzen klingt dein Lob
Die Mächtigen können dich nicht hindern
Selbst Steine preisen dich noch

Du bist unser König, gerecht und allmächtig
Barmherzig und gnädig, treu und wahrhaftig
Gütig und liebevoll
Du bist unser König, für immer und ewig
Himmel und Erde, Berge und Meere
Sind deiner Ehre voll

Du kommst auf dem weißen Pferd in Herrlichkeit
Die Heere des Himmels folgen dir
Ein Feuer glüht hell in deinen Augen
Dein Wort ist scharf wie ein Schwert
Dein Haupt ist geschmückt mit vielen Kronen
Du trägst ein Gewand in Blut getaucht
Dein Name ist König aller Könige
Man nennt dich Herr aller Herrn

Du bist unser König, gerecht und allmächtig
Barmherzig und gnädig, treu und wahrhaftig
Gütig und liebevoll
Du bist unser König, für immer und ewig
Himmel und Erde, Berge und Meere
Sind deiner Ehre voll

Text und Musik: Albert Frey
© 2006 FREYKLANG adm. by Gerth Medien, Asslar
Auf der CD »Für den König«

DER WEISE

Von Narren, Wissenschaftlern und Propheten

Nathan

»Du bist der Mann!« (2. Samuel 12,1-14): David ist gemeint, aber wer spricht diese Worte? Der Prophet Nathan, der Gotthold Ephraim Lessing wohl als Vorbild für seine Figur »Nathan der Weise« diente. Damit sind wir beim letzten Archetypen angelangt: dem Weisen. Der geheimnisvolle Weißhaarige betritt die Bühne und sagt: »Es ist nicht so, wie es scheint!« Er erzählt Geschichten oder deutet Bilder, er ermutigt oder ermahnt, weist auf Verborgenes oder Ewiges hin, er hält uns den Spiegel, das Fernrohr oder das Mikroskop hin und sagt: »Sieh genauer hin!«

David braucht Nathan, um seine Sünde zu erkennen, und wir alle brauchen den Weisen, um nicht in unseren Illusionen und Selbstrechtfertigungen, in unserer Unwissenheit und Diesseitigkeit stecken zu bleiben. Der wahre Weise hilft uns letztlich, Gott zu erkennen, obwohl wir ihn nicht sehen können.

Einseitigkeit

In der Männerarbeit werden oft das Kämpfen, Lieben und die Verantwortungsbereitschaft betont, also die ersten drei Archetypen. Ein einseitiges Männerbild entsteht: Kämpfer, Liebhaber und Könige – eine Ansammlung von archaischen Helden, die auf den modernen Mann entmutigend wirken kann. Ich bin froh, dass Männer auch anders sind, anders sein dürfen, anders sein sollen: Sie lachen und machen sich lächerlich, vertiefen sich in Bücher und verlieren sich im Detail, entdecken und entwickeln, erklären und lehren. Vielleicht ist der Weise sogar der vorherrschende Archetyp unserer Zeit – das heißt aber nicht, dass wir uns nur um die anderen Archetypen kümmern müssten. Auch die männliche Energie des Weisen muss in gute Bahnen gelenkt werden, damit sie aufbauend und nicht zerstörend wirkt.

Es geht bei den Archetypen einerseits um Vollständigkeit, andererseits um die richtige Zielrichtung. Jesus als unser Vorbild verkörpert alle vier vollkommen, und zwar vollkommen gut. Er ist der wahre Mensch, der wahre Mann. Wir leiden unter Einseitigkeit und Mangel, aber auch an Zielverfehlung in Bezug auf die Archetypen.

Wenn ein Mann sich zu früh auf die Rolle des Weisen zurückzieht, verpasst er Wesentliches. Das habe ich bei mir so erlebt (wie bereits in Kapitel 3 beschrieben). Es erschien mir als Kind verlockend, in dieser Sonderrolle »auch jemand« zu sein. Ich war der schlaue Ted unter den Heinzelmännchen, ich habe die Fahne in unserer kleinen Waldbande getragen, ich habe dem Stelzenlaufkönig die Medaille umgehängt – aber ich wollte und konnte mich nicht mit den anderen messen. Statt der »Loser« zu sein, war ich der »Besondere«. Und heute sitze ich am Computer und teile aus meinem reichen Wissensschatz Weisheit an die Welt aus, obwohl ich im wirklichen Leben ganz viel nicht hinbekommen habe. Gott sei mir Sonder-Sünder gnädig!

Der Narr

Humor ist, wenn man trotzdem lacht. Mir fällt auf, dass die meisten Komiker immer noch Männer sind. Vielleicht, weil sie eher bereit sind, sich lächerlich zu machen, scheinbar dumm und hässlich dazustehen. Die Weisheit beginnt mit dem Mut zur Dummheit. Guter Humor befreit und entlarvt. Der Hofnarr darf dem König sagen, was niemand sonst wagen würde. Das brauchen wir auch als Christen.

In dem Roman »Der Name der Rose« von Umberto Eco geht es um die berühmte Frage, ob Jesus gelacht habe. Aristoteles, im Mittelalter für Theologen eine wichtige Quelle, hat zwei große Werke geschrieben: über die *Tragödie* und über die *Komödie*. Letzteres ist verloren gegangen, oder – wenn man dem Roman folgen will – von humorlosen finsteren Mönchen der Welt vorenthalten worden, damit der Ernst Gottes nicht angegriffen wird. Für mich ein Sinnbild. Wir haben in der Christenheit manchmal den Humor der kleinen Leute verloren und können uns doch in der Tragödie der großen Gestalten allein nicht finden. Die Lachfrage ist für mich eindeutig zu beantworten: Ich kann mir Jesus überhaupt nicht humorlos vorstellen.

Die Schattenseite des Narren ist der traurige Clown, der Pierrot, der tragisch-komische Außenseiter, der innerlich Gespaltene. In meiner Schule hatte sich ein junger Mann umgebracht, kurz nachdem er ein

> Der wahre Weise hilft uns, Gott zu erkennen, obwohl wir ihn nicht sehen können.

hervorragendes Abi geschrieben hatte. Alle waren fassungslos. Er sei immer so fröhlich gewesen, geradezu der Klassenclown ...

Der Magier

So nennen viele Autoren den vierten Archetypen. Schon wieder (wie beim Liebhaber) stolpern wir als Christen über ein Wort, das uns nicht gefällt. Magie steht vielfach für Übernatürliches, losgelöst von Gott, Zauberei für Götzendienst. Doch Vorsicht: Bei aller realen Gefahr böser Magie – auch in Verkleidung der »weißen Magie« – sollten wir das Kind nicht mit dem Bade ausschütten. Es gibt eine unschuldige und eine heilige Magie, so schwer es uns auch fallen mag, diese rein zu halten.

Jedes Jahr muss ich am 6. Januar von Neuem schmunzeln. Der Name des Festtages enthält drei Fehler: Erstens: Die *Heiligen Drei Könige* waren vermutlich nicht zu dritt. Zweitens: Die Heiligkeit wurde ihnen vermutlich recht leichtfertig verliehen, so wenig, wie wir über sie wissen. Drittens: Mit Sicherheit aber waren es keine Könige, sondern *Mágoi* (griechisch: Sterndeuter, Astrologen; Matthäus 2,1). Das war wohl schon den frühen Christen suspekt, und so wurden sie zu Königen umgedeutet und ihre Gebeine landeten schließlich im Kölner Dom – eine Legende, die wohl mehr mit Wunsch als mit Wahrheit zu tun hat.

Gott aber benutzt alles, was er in den Menschen hineingelegt hat – von der kindlichen Freude am Zaubern über die Neugier am Unerklärlichen und die Wissenschaft im Grenzbereich bis zum Umgang mit dem Übernatürlichen. All das kann zum Guten wie zum Bösen dienen. Bei »Der Herr der Ringe« verkörpern zwei Zauberer eindrucksvoll die Extreme: Saruman, ursprünglich der oberste Zauberlehrer, wird vom Bösen verführt und immer mehr selbst zu einem Werkzeug des Bösen. Gandalf der Graue dagegen geht siegreich aus dem Kampf gegen die Dämonen hervor und wird dadurch zu Gandalf dem Weißen, der schließlich Saruman an Vollmacht übertrifft und entscheidend zur Rettung von Mittelerde beiträgt. Gottes Kräfte sind stärker als alle bösen Zerrbilder.

Und ist nicht Jesus selbst der große Wunderwirker? Wasser zu Wein verwandelt, Brot und Fisch vermehrt, auf dem Wasser gegangen, Sturm gestillt – die Show würde heute alle Rekorde brechen, ganz abgesehen von den unzähligen Heilungen. Doch nicht nur Jesus, auch seine

Nachfolger: Petrus sieht auf dem Weg zum Gottesdienst einen gelähmten Bettler und hat kein Kleingeld, aber Glauben für seine Heilung (Apostelgeschichte 3). »Gold und Silber habe ich nicht, aber was ich habe, gebe ich dir: im Namen Jesu Christi, steh auf!« Sehr cool. Und das ist Petrus, der Angsthase. In Jesu Namen dürfen wir uns dem Übernatürlichen nähern, doch niemals losgelöst von ihm.

Wissen und Weisheit

Der Weise hat nicht Macht, sondern Wissen. Das ist am Ende vielleicht die gefährlichere Waffe. Männer sind fasziniert von Wissen, vielleicht manchmal mehr als Frauen, die schneller nach dem Sinn fragen. Männer wollen einer Sache auf den Grund gehen – ob es etwas bringt oder nicht. Das treibt ihre Frauen, ihre Kollegen, ihre Schüler gelegentlich in den Wahnsinn. Aber es lässt sie auch Mittel gegen unheilbare Krankheiten und Übersetzungen für unverständliche Schriftzeichen auf alten Steintafeln finden. Klar tun so etwas auch Frauen, aber es liegt vielleicht nicht nur an der gesellschaftlichen Entwicklung, dass Wissenschaftler häufiger Männer sind. Gott hat gerade kleinen Jungs eine unglaubliche Neugier gegeben. Schön, wenn wir sie bis ins Alter bewahren können.

Die Versuchung aber ist sinnloses Wissen. Wenn es nicht mehr dem Leben dient, sondern zum Selbstzweck wird oder – wahrscheinlicher – das Ego des Wissenden aufbläht, haben wir nichts verstanden. Hier können wir als Männer von den Frauen lernen. Wissen muss zur Weisheit werden. Jesus ist der große Weisheitslehrer. Er verkörpert die im Alten Testament gerühmte Weisheit. Er lehrt verblüffend einfach und doch unerwartet, in Bildern und Gleichnissen, in Gegensatzpaaren. Er liebt es, die Dinge auf den Kopf zu stellen: Bei euch aber soll es nicht so sein. Sein Erlösungswerk ist die konsequente Fortführung seiner Weisheit. Er lebt, was er lehrt.

Priester und Prophet

Wenn der Weise das Verborgene erkennen will, dann ist seine vornehmste Aufgabe, zu Gott Kontakt aufzunehmen. Das ist die Aufgabe des Priesters. Er bringt die Anliegen des Volkes vor Gott, er öffnet den heiligen Zwischenraum zwischen Diesseits und Jenseits, er nimmt uns mit in das Geheimnis Gottes. Das ist die erste Aufgabe. Vielleicht haben wir – wie bei den Heiligen Drei Königen – aus unseren modernen Pfarrern und Pastoren kleine Könige gemacht, die für alles und jedes Verantwortung übernehmen, aber nichts mehr vom Übernatürlichen verstehen. Aber wir Menschen vergessen schnell, was wir nicht sehen. Deswegen brauchen wir den priesterlichen Dienst.

Der Prophet wird zum Sprachrohr in die andere Richtung: Er bringt die Anliegen Gottes zum Volk. Was will Gott sagen und zeigen? Der Weise muss diese entscheidende Frage stellen. Hier geht es selten um Vorhersagen, manchmal um Ermahnung und ganz viel um Ermutigung. Prophetische Impulse sind oft auch Bilder, nicht nur Worte. Sie müssen gedeutet (und geprüft) werden, bleiben aber umso wirksamer im Gedächtnis, weil sie eine vielschichtige Lebenssituation in einem treffenden Sinnbild vor Augen malen. Das habe ich oft schon erlebt. Zugegebenermaßen öfter von prophetischen Frauen. Aber wir können ja lernen!

Kunst

Wahre Kunst drückt immer das aus, was auf direktem Wege nicht zu sagen ist, was man eigentlich nicht sehen kann, was man erst versteht, wenn das Kunstwerk hilft, tiefer zu blicken. Dichtung verdichtet Wahrheit zu Sinn, Musik gibt ihr Tiefe, Tanz verleiht ihr Flügel. Malerei deutet die Wirklichkeit, Architektur gibt ihr Struktur und Bedeutung. Theater bringt alles auf einer Bühne zusammen, spielt und spiegelt das Leben. Wir verstehen die Welt nicht, wir verstehen Gott nicht ohne Kunst!

Die große Aufgabe des Weisen ist nicht nur, unser Wissen zu vermehren, sondern es zugänglich zu machen, zu deuten, ihm Sinn zu geben. Der Barde hilft dem Stamm mit seinem Klagelied, die Niederlage im Kampf zu verarbeiten; der Tanz hilft der Hochzeitsgesellschaft, die Liebe zu feiern; und der »Messias« von Händel hilft uns, die Bedeutung der Erlösung zu erahnen. Wir dürfen uns glücklich schätzen, wenn wir an diesem Prozess beteiligt sind. Hier sehe ich meinen Platz als Autor und Musiker.

Lernen

Unsere Welt ist also unsagbar arm und beschränkt ohne die Weisen, die Magier und Propheten. In den alten Völkern waren sie oft Berater, Wunderheiler und Barden in einer Person. Das Gegengewicht zum König, ja, die Königsmacher. Merlin setzt Artus die Krone auf. Jeder Leiter braucht die Stimme, die ihn korrigieren darf, einen Seelsorger, Beichtvater, Mentor.

In unseren Gemeinden brauchen wir Priester und Propheten. Als Männer dürfen wir uns nicht auf das Logische und Sachliche zurückziehen und das Übernatürliche den Frauen überlassen. Jeder Einzelne muss dem Anteil des Weisen in sich Raum geben: beten, lesen, meditieren, studieren, die Einsamkeit suchen, Gott in Natur und Kultur finden.

Ich vermute, dass die Mehrzahl der Leser dieses Buches bei diesem vierten Archetypen persönlich keinen tiefen Mangel verspürt. Der Vorgang des Lesens an sich steht geradezu für den Weisen. Aber wir sollten uns zwei unbequeme Fragen stellen:

1. *Lebe ich wahre Weisheit* – die in den Augen der Welt oft Torheit ist? Oder versuche ich, so clever zu sein, dass jeder mit mir kann? Erkläre ich alle Ecken und Kanten elegant aus der Welt? Gottes Weisheit macht die Weisheit der Welt zunichte. Ich meine, dass Lessing hier der Versuchung erlegen ist, weiser als das Evangelium vom Kreuz zu sein, indem er in der Ringparabel des »Nathan« die Religionen als gleichrangig darstellt und so Toleranz über Wahrheit stellt. Seine humanistische Saat ist heute leider aufgegangen.

2. *Bilde ich mir etwas ein auf meine Bildung?* Ist meine gottgegebene Weisheitsenergie verbogen in Besserwisserei, Rechthaberei, Arroganz und Dünkel? Das ist eine weitere Versuchung des Weisen. Er darf nicht nur andere, er muss zuerst sich selbst hinterfragen. Er darf nicht nur lehren, er muss selbst lernen. Erst muss der Balken aus dem eigenen Auge, dann kommt der Splitter des Bruders (und den sollen wir auch ziehen!). Zu diesem Thema habe ich ein Lied über Glaubensverkündigung geschrieben, weil ich die Arroganz und Besserwisserei der Christen dabei als großes Hindernis empfinde.

Weisheit zeigt zuerst mit dem Finger auf sich selbst. Das ist gerade für ältere Männer schwer. Als Christen mögen wir den Gedanken noch gewohnt sein, lebenslang zu lernen, uns infrage stellen zu lassen. Aber ich fürchte, es gibt nicht nur in der Welt viele unbelehrbare Weise. Je stärker die Gabe, desto größer die Versuchung. »Du bist der Mann« – das gilt auch für den Propheten selbst.

Wir alle

Ich bin nicht Richter über den Glauben
Mir steht kein Urteil über dich zu
Ich seh die Splitter in deinen Augen
Doch meine Balken siehst vielleicht du

Vom nahen Osten kommt nicht nur Schrecken
Der arme Süden ist doch auch reich
Ich schätze Weisheit aus allen Völkern
Wir sind verschieden und doch so gleich

Die Sonne scheint über uns alle
Der Regen lässt keinen aus

Ich wünsche nur jedem, den Retter zu kennen
Und Gott nicht nur Herr, sondern Vater zu nennen
Wer glaubt, dass er steht, sehe, dass er nicht falle
Vergebung und Gnade brauchen wir alle

Es gab viel Unrecht in Gottes Namen
Die frohe Botschaft wurde verkehrt
Und die im Zeichen des Kreuzes kamen
Waren im Herzen oft selbst nicht bekehrt

Ich könnte weinen, dass Macht und Missbrauch
Sich mit der Botschaft der Liebe vermischt
Doch Gottes Reich hat andere Grenzen
Er sieht die Herzen, nicht was vor Augen ist

Die Sonne scheint über uns alle
Der Regen lässt keinen aus

Ich wünsche nur jedem, den Retter zu kennen
Und Gott nicht nur Herr, sondern Vater zu nennen
Wer glaubt, dass er steht, sehe, dass er nicht falle
Vergebung und Gnade brauchen wir alle

Text und Musik: Albert Frey
© 2006 Gerth Medien Musikverlag, Asslar
Auf der CD »Für den König«

DIE ARCHETYPEN

Überblick und Zusammenwirken

Betrachten wir nun die Archetypen gemeinsam, im Überblick und in ihrem Zusammenwirken. Das Ziel ist es, ein *ganzer* Mann zu werden, auch wenn wir das nicht erreichen müssen und können. Aber diese Vision lockt uns in die richtige Richtung. Männertypen, Urbilder und Vorbilder, Helden, die einen oder mehrere Archetypen positiv verkörpern, helfen uns dabei auf der inneren Reise. Sie sprechen zu unserem Herzen, unserer Fantasie und Intuition und haben mehr Kraft zur Veränderung als Appelle und Strategien, die nur Kopf und Willen ansprechen.

Dabei gilt es, sich den Schwächen zu stellen, nicht nur die Stärken weiterzuentwickeln. Besonders David als (fast) ganzer Mann nach dem Herzen Gottes kann uns dabei helfen. Vollkommen positiv ausgeprägt und ausbalanciert sehen wir alle vier männlichen Urbilder bei Jesus.

Die Archetypen sind ein hervorragendes Werkzeug zur Selbsteinschätzung als Mann, um blinde Flecken zu erkennen und männliche Energie zu spüren.

Das Symbol für den Kämpfer ist das Schwert, das trennt. Für den Liebenden steht das Herz, das vereint. Die Krone symbolisiert die Macht des Königs. Die Lupe zeigt die Fähigkeit des Weisen, tiefer zu sehen. Hier eine grafische Darstellung der vier Archetypen und eine Beschreibung in Stichworten. Unter *Nicht integriert* beschreibe ich jeweils, was passiert, wenn der jeweilige Archetyp ein ungesundes Eigenleben führt. Unter *Mangel* liste ich auf, welche Konsequenzen Schwäche oder Fehlen eines Archetyps hat.

der Kämpfer	der Liebende
Grenzen verteidigen für das Gute kämpfen	Leidenschaft wecken Beziehungen bauen
der König	der Weise
Lebensraum schaffen Segen weitergeben	tiefer sehen Korrektur einbringen

Der Kämpfer

Jesus: Tempelaustreibung, der Zwölfjährige im Tempel,
Auseinandersetzung mit den Pharisäern
Faszination für kleine Jungen: Ritter, Soldat, Indianer, Sportidol
Kraft, Entschlossenheit, Präzision, Waffen, sich behaupten,
sich durchsetzen, für andere kämpfen
Körper, Sport, Verzicht, Askese, Disziplin, Grenzen
Der Kämpfer kann sich sein Ziel/seine Grenzen nicht selbst setzen,
das kann nur der König
Der Kämpfer dient immer einem König, einer Scheinmacht

Nicht integriert: Gewalt, Beziehungsunfähigkeit
Der böse Kämpfer: Gang, Söldner, Verbrecher, Terrorist

Mangel: schwammig, grenzenlos, zahnlos, Pantoffelheld, Duckmäuser
Schließt »um des lieben Friedens willen« faule Kompromisse
Aufgabe: Grenzen verteidigen, für das Gute und gegen das Böse
kämpfen

Der Liebende

Jesus: Fußsalbung, Johannes an seiner Seite, Tod des Lazarus
Vorlieben, Bewunderung, Lust, Genuss, Maßlosigkeit, Hingabe, Offen-
   heit, Spontaneität, Spiel
Stimulation durch Natur, Kunst, Schönheit der Frau, Leidenschaft,
   Schwärmer, Fan, Anbeter
Naiv gegenüber Macht, subversiv, rebellisch
Franziskus, Romeo, Casanova

Nicht integriert: verwöhnter Muttersohn, mangelnde Loslösung vom
   Versorgtwerden, beim Verliebtsein stehen bleiben: das eigene Spiegel-
   bild und Gefühl lieben
Doppelleben, der dunkle Liebhaber, Sucht

Mangel: Langeweile, Mangel an Begeisterung, Feuer und Leidenschaft,
   herzlose sachliche Männerwelt, Rechthaberei, Pflichtmensch

Aufgabe: Leidenschaft wecken, Beziehung bauen, lieben

Der König

Jesus: Einzug in Jerusalem, Jesus vor Pilatus, König der Könige
Anführer, Leiter, Vater, natürliche Autorität
Nicht Frage nach Kraft, sondern: Auf wen hören andere?
Die Reise schon hinter sich, innere Ruhe, Überschuss an Energie
Nicht viel sagen, sondern sein, gesund sein
Kommt in einen Raum und gibt Sicherheit
Etwas aufbauen, Reich, Lebensraum, Platz für andere
Verkündet, was gilt, setzt die Grenzen
Jeder Junge sucht einen König
Familienoberhaupt, Abteilungsleiter, Gruppe, Gemeinde, Politik
Männer wollen leiten (Paulus: gut, Bischofsamt anzustreben)
Integriert Gegensätze
Wie groß ist das Reich, das du zusammenhalten kannst?
Macht durch Autorität, Delegation, Vertrauen
Die Arbeit nicht selbst tun, sondern anderen ihren Platz geben

Segnen, die Macht königlicher Worte
Ehre verleihen, das Beste im anderen herauslocken
König Artus und die Tafelrunde

Nicht integriert: Macht erstreben, festhalten (kleiner König)
Nicht auf Propheten hören: blinder, böser König
Menschen ausnutzen für eigene Ziele, Macht ausnutzen (Missbrauch)

Mangel: Vater-Hunger, Mangel an Vertrauen, Identität, Selbstsicherheit
Auseinanderbrechen von Familie, Gemeinde, Gesellschaft
Schutzlos, keine Sicherheit, Konstanz, Leben als Achterbahnfahrt

Aufgabe: Leben, glauben, da sein für andere, Lebensraum schaffen,
Segen weitergeben
Das Wesen von Gott als Vater und König erfahrbar machen (Grenzen
des irdischen Königs)

Der Weise

Jesus: Bergpredigt, Gleichnisse, Wundertaten
Der Sehende, Entdeckergeist, Geheimes, Verborgenes, Wissen, Wissen-
schaft
Transzendenz, Religion, Prophet, Barde, Priester, Vermittler zwischen
Gott und Volk
Außenseiter, sieht, was andere nicht sehen, Ratgeber, Meister, Lehrer
Indirekte Macht durch Wissen und Einfluss
Salomo, Merlin

Nicht integriert: Isolation, Dauerrückzug, unfähig zum irdischen Leben
Versuchung durch dunkle Kräfte, Zauberer

Mangel: kein Blick über die eigene kleine Welt hinaus, Engstirnigkeit,
an den wirklich wichtigen Dingen vorbei, Zielverfehlung

Aufgabe: tiefer sehen, Verbindung zur Ewigkeit und zu Gott schaffen,
Korrektur einbringen, Weiterentwicklung ermöglichen

Ausprägungen

Wenn wir uns selbst in Bezug auf die Archetypen einschätzen wollen, ist die erste Frage, ob Kämpfen oder Lieben mehr unsere Jugend geprägt hat. Waren wir fasziniert von Kampf und Sport, hat das unsere Welt als Junge geprägt? Oder waren wir eher Spieler, Genießer, in Hobbys versunken oder früh den Mädchen zugewandt? Waren diese Prägungen positiv oder haben wir auch die dunkle Seite erleben müssen? Konnten wir das jeweils andere auch entwickeln, oder sind wir einseitig geblieben? Das wäre ein erster Hinweis darauf, wo wir ansetzen können, um uns vollständiger zu entwickeln, auch in fortgeschrittenen Jahren.

Manche Jungs kamen auch (zu) früh in Verantwortung, in die Königsrolle. Vielleicht haben die Lebensumstände früh zum Mitarbeiten gezwungen, für das spielerische Kämpfen und Lieben blieb keine Zeit. Wenn es keinen Papa gab, war der Älteste vielleicht der einzige »Mann im Haus«. Die jungen Könige sind aber oft schwache Könige, die nur mit Gewalt herrschen und keinen Widerspruch dulden können. Für sie ist der weise Prophet besonders wichtig. Für alle, die viele Königsanteile spüren, lautet die Frage: Lassen wir uns etwas sagen, sind wir korrigierbar? Durch andere, durch Selbstreflexion?

Haben wir wenig vom König, dann sind wir aufgerufen, unser Land, unsere Krone in Besitz zu nehmen.

Wenn wir in den Dreißigern schon Denker und Grübler werden, in Kunst, Wissenschaft oder Theologie unseren Weg machen, sind wir vielleicht ebenfalls zu früh erwachsen geworden. Kämpfen und Lieben würde uns aus der Sonderrolle heraushelfen.

Die Herausforderung für die »Weisen« kann auch der Königsarchetyp sein: Für wen oder was arbeiten wir? Sind wir bereit, selbst Verantwortung zu übernehmen, zu gestalten, oder halten wir uns vornehmen zurück? Bleiben wir im Elfenbeinturm oder packen wir mit an bei der Gestaltung einer besseren Welt?

Ich will im Folgenden einige alte und neue Geschichten auf ihre Archetypen hin beleuchten. Ich setze die Kenntnis der Figuren voraus. Wem sie unbekannt sind: nachschlagen oder einfach überspringen!

Artussage

Artus ist der gute König. Er sammelt die Ritter der Tafelrunde, eint das Reich. Mordred ist sein böser Gegenspieler. In manchen Versionen ist Mordred nicht der Neffe, sondern der Sohn des Artus – ein Hinweis auf den bösen Anteil im König selbst.

Der weise Merlin erzieht, krönt und stützt Artus. Als Dreamteam von König und Magier ergänzen sie sich, wehren äußere Feinde ab.

Aber der König wird vom jungen Lancelot bedroht. Er ist der erste Ritter (Kämpfer) im Reich und verliebt sich in Guinevere, die Königin (der Liebende). Er verkörpert also in jeder Hinsicht die Herausforderung der jungen Männer an die Alten.

Der Herr der Ringe

Gandalf ist offensichtlich der gute Magier, Saruman der böse.

Gute Kämpfer sind die »Gefährten« in verschiedenen Ausprägungen, vom mutigen Zwerg bis zum entrückten Elben, die sich erst raushalten wollen und dann doch zum Kampf erscheinen.

Die bösen Kämpfer sind drastisch in den Orks dargestellt: Sie sind nichts als gezüchtete Kampfmaschinen, ein völlig isolierter Archetyp.

Frodo und die Hobbits sind die Liebenden. Sie rühren uns durch ihre Freundschaft, besonders Sam, der unerschütterlich zu Frodo steht. Sie haben wenig äußere Stärke, aber ein reines Herz und ihr Vertrauen.

Deshalb wird Frodo der Ring anvertraut, er bekommt am Ende eine Art Erlöserrolle: Der Kleine trägt die ganze Last des Bösen. Die anderen Hobbits bekommen ihre Frauen, sein Leiden und seine Liebe sind zu groß – er geht in die Ewigkeit.

Théoden ist der schwache König, dessen Reich Rohan zerfällt.

Aragorn ist die vielseitigste Figur. Er macht die männliche Reise, er ist neben Frodo die Hauptfigur. Mit den Gefährten ist er ein Kämpfer. Er ist der Liebende, der in seiner Liebe zu Arwen erlebt, wie die Grenzen zwischen Menschen und Elben überwunden werden.

Und schließlich wird er im letzten Teil zum König gekrönt. Er, der misstrauisch gegenüber der Macht war und befürchtete, sie ebenso wie seine Vorväter zu missbrauchen, stellt sich schließlich seiner Verantwortung.

Raumschiff Enterprise/Star Trek

Captain Kirk ist der König. Er gibt von seiner Kommandobrücke aus die Anweisungen, braucht aber auch Hilfe. Die bekommt er durch den weisen Dr. McCoy, genannt »Pille«, die einzige Person, die ihn in der deutschen Synchronisation duzt. Pille ist Wissenschaftler, hat aber auch eine gute Portion gesunden Menschenverstand und als einziger den Mut, Kirk entgegenzutreten und ihm seine Schattenseiten zu zeigen.

Spock hat auch etwas vom Weisen (»faszinierend«), aber er ist auch der emotionslose Kämpfer, der mit einem kleinen Schultergriff jeden Gegner ausschalten kann.

Der Liebende hatte in den 60er-Jahren noch keine direkte Entsprechung, er taucht in einzelnen Personen und Handlungssträngen auf, um dann wieder unterdrückt zu werden, weil er die Erforschung des Weltraums nur verkomplizieren würde.

Die Frauen spielen Nebenrollen, Uhura ist nur eine bessere Sekretärin.

Im Laufe der Staffeln und Generationen wandeln sich die Rollen. Captain wird erst ein Franzose, dann ein Afroamerikaner, dann eine Frau. Das zeigt weniger die Entwicklung der fernen Zukunft als die Erweiterung des amerikanischen Autoritätsbildes von den 60ern bis heute.

Auch der Weise wandelt sich. Erst ist er ein Schulmediziner, der für die materielle Weisheit der Moderne steht, dann ein weiblicher Counselor, das heißt nicht nur Ratgeber, sondern Therapeut bzw. Seelsorger, der postmodern Seele und Geist in den Blick nimmt.

Der gute Kämpfer Worf ist gar ein Klingone, die Feinde vieler früherer Folgen. Auch das zeigt eine Entwicklung der Integration.

Die Frage nach Gefühlen und Liebe wird anhand des Androiden Data beleuchtet, der zunächst nicht menschlich fühlen kann und sich umso mehr danach sehnt. Ein Bild dafür, dass auch in sehr rational eingestellten Männern der Liebende nachreifen kann.

Krieg der Sterne/Star Wars

Die vielfältigen Figuren über sechs Episoden sind zu komplex, um sie hier zuzuordnen. Aber zwei Beobachtungen sind interessant:

Die Königsenergie ist bei Menschen schwach (z. B. bedrohter Kanzler und Prinzessin) und im Übernatürlichen nebulös (*die Macht*). Das spiegelt die Autoritätskrise unserer Zeit und die Krise der monotheistischen Offenbarungsreligionen. Es gilt zwar, mit der Macht in Einklang zu kommen (»möge die Macht mit dir sein«), sie ist aber – wie im Buddhismus – nicht personal und kann nicht angerufen werden.

Eine große Rolle spielen die Kämpfer, die »Ritter« in beiden Ausprägungen: schwarz und weiß (bis zur Kleidung), dunkel und hell. Die guten Jedi-Ritter werden jedoch erst zu dem, was sie sind, indem sie die Weisheit integrieren. Sie werden von einem Jedi-Meister gelehrt, an ihre Grenzen geführt, mit ihrer dunklen Seite konfrontiert. Der Jedi-Ritter ist also eine faszinierende Mischung aus Kämpfer und Weisen. Der Kämpferanteil verleiht ihnen den Mut, der den schwachen Autoritätsfiguren oft fehlt. Der Anteil des Weisen stellt sicher, dass sie aus gereinigten Gefühlen und Motiven kämpfen und nicht aus Wut oder Eigennutz. Diesen Doppelarchetyp finden wir auch bei asiatischen Mönchskämpfern oder europäischen Ritterorden.

Asterix

Hier ist alles ironisch verdreht und überzeichnet. Der cleverste und stärkste Kämpfer ist der kleine Asterix, eine Steilvorlage für den Traum kleiner Jungs von unbesiegbarer Stärke.

Der große Obelix ist zwar auch stark, interessiert sich aber mehr für Wildschweinbraten und seinen Hund Idefix. Ein Koloss mit Herz.

Der Häuptling Majestix auf seinem Schild ist natürlich eine Witzfigur. In Wirklichkeit hat seine Frau Gutemine die Hosen an. Das ist die Rache der jungen Männer an der Autorität. Die Rolle des Weisen teilen sich der Magier Miraculix, der den Zaubertrank mixt, und Troubadix, der mit einer Ode zu jeder Gelegenheit die anderen nervt. Die Wundermittel kommen eindeutig besser weg als die Kunst.

Als Liedtext habe ich »Gnade und Wahrheit« gewählt. Die Archetypen als Spiegel der Seele helfen uns, der Wahrheit über uns selbst »ins Auge zu sehen«. Durch die Gnade können wir es aushalten, auch unsere blinden Flecke zu betrachten. Beides, Gnade und Wahrheit, finden wir bei Jesus.

Gnade und Wahrheit

Wir schauen der Wahrheit ins Auge
Stellen uns in dein Licht
Wir halten dort aus durch Gnade
Denn du verdammst uns nicht

Du kennst unsre toten Winkel
Siehst unsren blinden Fleck
Berührst unsre wunden Punkte
Nimmst unsre Ängste weg

Jesus, dein Licht scheint
Voll Gnade und Wahrheit
Jesus, dein Licht scheint
In unsre Dunkelheit
Jesus, durchdring uns
mit Gnade und Wahrheit
Jesus, komm bring uns ins Licht

Albert Frey
© 2001 D&D Medien
Auf der CD »Anker in der Zeit«

Jesus und die Frauen

Wertschätzung, Beziehungsfähigkeit und Abgrenzung lernen

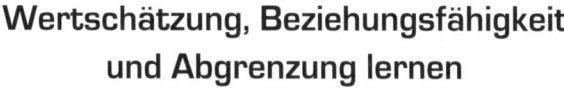

Nicht mit und nicht ohne

Natürlich gibt es die Archetypen auch für Frauen. Sie sind ähnlich, aber nicht dieselben wie die männlichen. Ich werde sie aber nicht für sich untersuchen, sondern für uns Männer die Frage stellen, wie wir auf Archetypen der Frau reagieren.

Doch zunächst will ich die Spannung zwischen Mann und Frau aufzeigen, die schöpferisch, aber auch zerstörerisch sein kann. Gott hat die Menschen als Mann und Frau unterschiedlich gemacht. Diese Unterschiede ziehen sich an und sorgen zugleich dafür, dass Mann und Frau einander nicht verstehen. Eine Konstellation wie in einem griechischem Drama, ein unauflösliches Dilemma. »I can't live with or without you«, sangen U2, »Ich kann nicht mit dir und nicht ohne dich« Pe Werner. Harry stellte gegenüber Sally in der berühmten 80er Komödie die These auf: Männer und Frauen können keine Freunde sein – der Sex kommt ihnen immer dazwischen.

Deshalb haben wohl viele Kulturen Mann und Frau streng getrennt. In der katholischen Landkirche, die ich als Kind mit meinen Eltern besuchte, saßen die Männer noch rechts, die Frauen links. In dem Nachkriegsbau lag der Mittelgang unsymmetrisch. Die Männerseite war noch nicht einmal halb so groß. Die Männer waren entweder im Krieg gestorben oder saßen schon im Wirtshaus. Man konnte sich nicht vorstellen, dass sich das Zahlenverhältnis oder die Beziehung der Geschlechter ändern könnte. Dabei werden katholische Kirchen für Jahrhunderte gebaut! Jetzt hat es sich geändert. Die wenigen Familien, die noch kommen, wollen zusammensitzen. Der Altarraum sitzt ganz grundlos schief.

Aber eine weitere Anekdote aus der katholischen Welt zeigt, dass man auch auf der anderen Seite vom Pferd fallen kann, wenn man vorschnell dem Zeitgeist folgt. So genannte Ministranten, Messdiener, sind traditionell Jungs, die dem Priester beim Gottesdienst assistieren und in langen Gewändern rituelle Handlungen vollziehen. Das war früher ein begehrter Job, der einem Ehre, ein gutes Gewissen und ein paar Zehn-Pfennig-Stücke einbrachte. In den letzten Jahren haben immer mehr Eltern dafür gekämpft, dass auch Mädchen Dienst am Altar tun dürfen. Es wurde zur theologischen Frage, zum Kampf für die Gleichheit von Mann und Frau vor Gott. Die meisten Gemeinden gaben nach. Die Jungs sahen sich plötzlich einer Menge eifriger Mädchen gegenüber und hatten keine Lust mehr. Sie fanden es total uncool, dass die Mädchen nun auch dabei waren, und bald wollte keiner mehr freiwillig hin. Mit besten Absichten hatte man eine der letzten Männerbastionen abgeschafft und damit möglichen männlichen Nachwuchs aus der Kirche getrieben. Theologisch korrekt, psychologisch daneben.

Andere Kulturen verhüllen die Frauen, überhöhen und erniedrigen sie gleichzeitig. Aber auch in unserer europäischen Kultur tritt durch die Jahrhunderte Hilflosigkeit zutage. Der Minnesänger schwärmt von der edlen Frau, während er die Magd, die ihn bedient, ihn den Staub tritt. Die modernen Medien zelebrieren die perfekte Schönheit der Frau, während viele Frauen, die sich zu weit von diesem Idealbild entfernt wähnen, sich nicht mehr ungetarnt, ungeschminkt, ungestylt aus dem Haus trauen.

Die Person stand für Jesus im Vordergrund, nicht das Geschlecht.

Wie können wir Männer vernünftig mit dem anderen Geschlecht umgehen, freundschaftlich, spielerisch, leidenschaftlich, abgegrenzt? Im zweiten Kapitel »Wann ist ein Mann ein Mann?« habe ich schon einiges dazu angedeutet, jetzt will ich genauer drauf eingehen.

Person vor Geschlecht

Wir müssen uns Jesus anschauen, auch wenn – oder gerade weil – seine Kultur eine andere war. Er hat – mal in Übereinstimmung mit seiner Kultur, mal im Bruch mit ihr – viele Beziehungen zu Frauen gepflegt. Die Evangelien berichten uns stolz davon, anders als bei sonstigen Lehrmeistern der Antike. Wir kennen nicht nur die Apostel, sondern viele Jüngerinnen mit Namen. Wir erfahren auch einiges über den unterschiedlichen Charakter der Frauen um Jesus und staunen, wie individuell er mit ihnen umging. Die Person stand für ihn im Vordergrund, nicht das Geschlecht.

Wir haben die Männer in vier grobe (Arche-)Typen unterteilt. Etwas Ähnliches will ich nun auch mit den Frauen tun und diese Ur-Typen auf die Frauen um Jesus deuten.

Kasperletheater

Aber zunächst müssen wir einen kleinen Umweg machen, und zwar noch einmal zum Kasperletheater, das ich schon im Kapitel »Der König« erwähnt habe. Die holzgeschnitzten Männern waren: Räuber, Polizist, Zauberer und König. Welche Frauenfiguren finden wir denn in der Kiste? Wie erklärt der Volksmund den Kindern die Welt der Frauen?

Da haben wir die Gretel. Sie ist die beste Freundin von Kasper, mit ihr kann er Pferde stehlen, eine treue Seele, praktisch veranlagt, eine Schwester, eine Unterstützung, wie sie sich ein Mann nur wünschen kann. Aber leider auch etwas langweilig. Wühlen wir weiter in der Kiste. Da kommt die Prinzessin: schön, begehrenswert, geheimnisvoll, aber – ach – anspruchsvoll, launisch, herrisch. Die Tragödie des jungen Mannes nimmt ihren Lauf. Als Nächstes kommt die Hexe. Sie ist schlau und unabhängig, sie will niemandem mehr gefallen, sie kocht ihr eigenes Süppchen. Schade – unsere Kultur traut der weisen Frau nicht viel zu, sie sieht sie vornehmlich böse, nicht nur im Mittelalter. Ein paar weise Frauen werden zu Heiligen erklärt, die anderen als Hexe verteufelt, die Mitte fehlt. Doch da ist ja noch die Oma, das gutbürgerliche Ideal für die ältere Frau, freundlich, umsorgend. Sie hat Zeit für andere, sie hat ihr eigenes Leben schon gelebt. Aus ihrem Korb holt sie alles heraus, was Kasper so braucht. Aber er nimmt sie natürlich nicht ernst. Ihre Warnungen werden in den Wind geschlagen, ihre Sorge belächelt. So ist sie halt, die gute alte Oma. Vielleicht gibt es auch eine Königin in der Kiste, aber das ist unwahrscheinlich. So viel Autorität gibt der Volksmund der Frau lieber nicht.

Na, ihr lieben Leserinnen, seid ihr schon richtig sauer? Ja, das Kasperletheater ist gemein, respektlos und ungerecht – wie die wirkliche Welt. Aber Vorsicht, wenden wir uns nicht zu schnell ab. Setzen wir die Karikaturen erst einmal zusammen, bringen sie gemeinsam ins Spiel. Das wäre eine Frau nach meinem Geschmack: ein Kumpel wie Gretel, begehrenswert wie eine Prinzessin, weise wie eine Hexe und fürsorglich wie eine Oma. Frauen sind einseitig und vielseitig, ergänzen und entwickeln sich. Diese Figuren markieren Extreme im Charakter und in der Entwicklung.

Andrea und ich haben ein paar Teenie-Mädchen als Reitbeteiligung (d. h., sie dürfen auf unseren Pferden reiten und versorgen sie mit uns). Sie sind die besten Gretels, die man sich vorstellen kann, wobei sie unsere Pferde nicht stehlen, sondern mit Freude reiten. Aber die Prinzessin lässt nicht mehr lange auf sich warten. Hoffentlich werden die Pferde nicht vergessen sein, wenn der Prinz kommt. Die Mädels sind auch schlau und tiefsinnig. Wird nach der Prinzessin die weise Frau kommen? Hoffentlich müssen sie keine Hexen werden, um der Welt Zauber zu geben. Für wen werden sie sorgen, als Mütter und Großmütter, als Lebensspenderinnen, ja als Königinnen?

All das steckt in einer Frau. Tragisch, wenn es unterdrückt wird, nicht heraus darf.

Maria Magdalena

In der Nähe Jesu durften Frauen sein. Sie durften sein, wie sie sind, sie durften Frau sein. Er hielt sie aus. Er hat U2, Pe Werner und Harry & Sally widerlegt, auch wenn unsere sexualisierte Zeit das nicht glauben kann und Dan Brown ihm eine Affäre mit Maria Magdalena andichtet – ein Unsinn, den die Massen bereitwillig glauben.

Damit sind wir schon bei der ersten Frau im Jüngerkreis: die Wilde aus Magdala! Jesus hat sie von sieben Dämonen befreit. Wie immer man Dämonen in der Bibel deuten mag – das heißt, dass sie gelitten hat, dass sie verletzt, ausgenutzt und ausgegrenzt wurde. Andere sind an ihr schuldig geworden, und sie hat wohl auch ihren Teil zu ihrem verzweifelten Zustand beigetragen. In der Tradition wurde sie die klassische Figur, die sich von der Sünderin zur Heiligen wandelt. Aber was passiert nun mit ihr, nachdem Jesus sie befreit hat? Wird sie brav, geht sie ins Kloster und schweigt und büßt fortan? Nein, sie ist ganz vorne dabei. Sie wird häufig genannt, bleibt beim Kreuz, ist die Erste am Grab. Sie ist der weibliche Petrus. Typisch, dass der ihr erst nicht glauben will, als sie als Erste den Auferstandenen sieht. Jesus hat eine schwierige, geschädigte, wilde Frau in seinen engsten Kreis geholt, wow!

Er steht zu ihr, schämt sich nicht für sie, nimmt Fehldeutungen seines Verhältnisses zu ihr bis auf den heutigen Tag in Kauf. Andrew Lloyd Webber und Tim Rice spekulieren in der berühmten Ballade »I don't know how to love him« aus dem Musical »Jesus Christ Superstar«, dass sie sich in Jesus verliebt hat. Man darf annehmen, dass sie damit recht haben. Aber schon während die Musical-Magdalena sich einredet: »He's a man, just a man«, weiß sie, dass das nicht stimmt. Dieser Mann ist anders. Er will sie nicht ausnutzen, benutzen. Seine Liebe ist nicht exklusiv. Sie hat darin Platz und alle anderen auch. Sie ist die Prinzessin, die Braut für den Königssohn, und sie stellt für uns alle die Frage nach der Liebe zu Jesus, der uns so viel vergeben hat.

Haben wir Platz in unseren Herzen und in unserer Kirche für Frauentypen wie Maria Magdalena? Oder müssen wir sie als Hexe verbannen?

Maria von Bethanien

Auch eine andere Maria kam Jesus gefährlich nahe. Die Schwester von Marta und Lazarus gehörte zu seinen besten Freunden. Als er zu Besuch kommt, hat sie nur noch Augen und Ohren für ihn, statt ihrer Schwester bei der Arbeit zu helfen. Als diese sich bei Jesus beschwert, lobt der Maria auch noch: »Sie hat das Bessere gewählt« (Lukas 10,42). In diesem Bericht über die beiden Schwestern gibt uns Jesus eine allzeit gültige Lehre über die richtige Reihenfolge von Hören und Handeln, Kontemplation und Aktion, Liebe und Verpflichtung. Er nimmt Maria in Schutz: »Das soll ihr nicht genommen werden.« So müssen auch wir die Zeiten, in denen wir zu Jesu Füßen sitzen, schützen und verteidigen.

Später begegnet sie uns wieder, als Jesus scheinbar zu spät zum eben verstorbenen Lazarus kommt. Sie richtet die gleichen Worte an Jesus wie zuvor Martha (»Herr, wärst du hier gewesen, dann wäre mein Bruder nicht gestorben«, Johannes 11,32), aber er reagiert anders. Als sie ihn anspricht, treten auch seine Gefühle hervor (»Als Jesus sah wie sie weinte, ... war er im Innersten erregt und erschüttert«, Vers 33). Was bedeutet das?

Erstens: Er bestätigt sie in ihren Gefühlen. Sie dürfen sein, ja sie sind wichtig. Hier ist er nicht der distanzierte Lehrmeister, der sie gar zurechtweist, sondern er geht – zweitens – auf ihre Gefühle ein, lässt sich davon bewegen, zu seinen eigenen Gefühlen bringen. Was hat uns das zu sagen? Es ist wichtig für unser Gottesbild. Jesus – und damit auch der Vater – hat Gefühle, er ist auf dieser Ebene ansprechbar, und auch er will uns emotional ansprechen. Für uns Männer, die sich Jesus als Vorbild nehmen, ist das eine Ermutigung, Gefühle von Frauen ernst zu nehmen und unsere eigenen davon berühren zu lassen.

Aber Maria von Bethanien setzt noch eins drauf. Sie schüttet Jesus eine ganze Flasche Parfüm über den Kopf, die den Wert eines mittleren Jahresgehaltes hat (Johannes 12,3). Wie bei der ähnlichen Szene der namentlich nicht genannten Sünderin im Haus des Pharisäers Simon (Lukas 7,37f) lässt Jesus das Unerhörte zu, ja, er nimmt es an, genießt es und verteidigt Maria. Wieder geht es um Gefühle, um die Maßlosigkeit der Liebe. Maria von Bethanien steht auf eine andere Art für die Liebe zu Jesus. Sie ist ein wenig Gretel, die Seelenfreundin, ein wenig Prinzessin, die lieber den Prinzen bewundert und umschwärmt, als den Kaffee zu kochen. Sie steht für eine kindliche, zärtliche Weiblichkeit.

Jesus – und damit auch der Vater – hat Gefühle, er ist auf dieser Ebene ansprechbar.

Die Mutter Jesu

Jetzt kommt die schwierigste Aufgabe: Welchen Platz wollen wir der dritten Maria, der Mutter Jesu, in unseren Köpfen und Herzen geben? Werden wir zwischen übersteigerter Verehrung einerseits und Ignoranz andererseits die goldene Mitte finden? Das scheint schwer. Die Gefahren der übertriebenen Verehrung sind klar: Anbetung von Geschöpfen nennt die Bibel Götzendienst. Die kirchliche Lehre aller Konfessionen stellt zwar klar, dass Maria niemals angebetet werden darf und immer zu Jesus hinführen soll. In der katholischen Messliturgie sind Marienlieder nicht einmal erlaubt, nur außerhalb dieser gottesdienstlichen Mitte. Aber in der Praxis bleiben wohl doch viele immer wieder bei Maria stehen und finden tragischerweise nicht den Weg zu Jesus. Die Gefahr der Ignoranz ist aber auch nicht zu unterschätzen. Es ist eben nicht nur eine theologische Frage. Maria auf ihre biologische Funktion zu reduzieren, kann frauenfeindliche und leibfeindliche Tendenzen fördern – Glaube als männliche »Kopfgeburt«.

In der evangelischen Welt habe ich weniger Predigten über Maria gehört als über manche Randfigur im Alten Testament. Wovor haben wir

Angst? Vielleicht haben die Missstände am Ende des Mittelalters und die daraus erfolgte Reformation nicht nur die Christenheit in zwei Lager getrennt, sondern auch eine gesunde Wertschätzung Marias erschwert. Aus beiden Lagern haben wir Mühe, die Mitte zu finden. Eine Marienprozession in Südspanien ist denkbar weit davon entfernt, zumindest für deutsche Protestanten. Sie atmet mehr den Todeshauch eines heidnischen Kultes als den Lebenshauch des Evangeliums. Aber wegen solcher und anderer Irrungen und Wirrungen dürfen wir Maria nicht ignorieren. Gott hat beschlossen, durch den Leib einer Frau zur Welt zu kommen. Das ist Teil unseres gemeinsamen Glaubensbekenntnisses, und es hat enorme Konsequenzen. Der Begriff *Inkarnation*, Fleischwerdung, beschreibt diesen Grundpfeiler unseres Glaubens.

Zuerst müssen wir uns dazu die Verkündigungsszene anschauen (Lukas 1,26-38). Der Engel kündigt Maria an, was geschehen soll. Sie ist so mutig und fragt nach· »Wie soll das geschehen?« Dann gibt sie ihr Einverständnis: »Mir geschehe, wie du es gesagt hast.«

Fiat (lateinisch: es geschehe) ist nicht zuerst eine italienische Automarke, sondern steht für die Zustimmung Marias, dass Jesus in ihr Gestalt annimmt.

Fiat steht für die Freiwilligkeit des Menschen vor Gott, sein Mitwirken in Gottes Heilplan, für die Verbindung von Gott und Mensch, für das Geheimnis, dass Jesus in uns lebt und wir ihn zur Welt, zu den Menschen bringen sollen. *Fiat* – ein großes Wort, eine große Antwort.

Es kommt in der lateinischen Bibel übrigens noch zwei Mal vor: zuerst bei der Schöpfung (»Es werde …«), zuletzt im Garten Gethsemane, als Jesus seine Einwilligung zum Tod am Kreuz gibt (»Dein Wille soll geschehen«, Lukas 22,42). Wir sollten also das marianische *fiat* nicht unterschätzen.

Dann folgen die geheimnisvollen Ereignisse um die Geburt. Zuerst die Begegnung mit Elisabeth, die durch den Heiligen Geist erkennt, was in Maria heranwächst. Die reagiert mit dem Lobgesang (*Magnificat*, Lukas 1,46-55), der unter anderem Marias erstaunliche Mischung aus Demut (»auf die Niedrigkeit seiner Magd hat er geschaut«) und Selbstbewusstsein (»von nun an preisen mich selig alle Geschlechter«) zeigt. Sie ist bescheiden, sie ist stark.

Dann die Geburt unter chaotischen Umständen, die Huldigung der Hirten und der Weisen und schließlich Simeons prophetischen Worte bei der Darstellung im Tempel. Es heißt, Maria bewahrte alles in ihrem Herzen. Sie hat die Fähigkeit *aufzunehmen*, die weibliche Grundeigenschaft schon von der Biologie her. Sie zeigt die gewaltige Kraft des Passiven, des Geschehen-Lassens – für Mann und Frau.

Urbild der Kirche

Abraham ist der Vater des Glaubens, aber Maria ist die Mutter, Urbild der Kirche. Sie wird ebenso wie Abraham von Gott frei erwählt. Er ist der Träger der Verheißung des Ersten Bundes, sie die Trägerin der Verheißung des Neuen Bundes. Dabei trägt sie ganz wörtlich Jesus, den Initiator des neuen Bundes, in sich.

Durch sie bekommt das Ewige, der Ewige, der Geist eine menschliche Gestalt. Und genau das ist ja weiter unsere Aufgabe als Kirche und Gemeinde: Jesus, der in uns wohnt, zur Welt zu bringen.

Ihr Glaube, ihre Einwilligung, ihre Demut, ihre Leidensbereitschaft sind *Vorbild* für die Kirche. Aber auf geheimnisvolle Weise ist das, was durch sie geschah, das *Urbild*.

Amt und Charisma

Eine andere Deutung von Maria als Rollenmodell ist die Unterscheidung zwischen der *petrinischen* und *marianischen* Dimension der Kirche.

Petrinisch das bedeutet auf Petrus und die Apostel aufgebaut, sind das Leitungsamt, Lehre, Organisation, Verwaltung. Die Kirche aber ist tot ohne die marianische Dimension. Diese steht für das Aufnehmen des Wortes, die Inkarnation, die charismatische – das heißt von Gott geschenkte – Seite des Glaubens. Sie lebt in geistlichen Gemeinschaften und im verborgenen geistlichen Leben der Gläubigen, kommt durch Propheten mahnend zum Ausdruck, auch gegen die machbare, männliche, petrinische Seite. Aber nicht nur die katholische Amtskirche, sondern wir alle, vor allem wir Männer, brauchen dringend die marianische Dimension des Glaubens. Sie betont, dass alles Entscheidende als Geschenk von Gott kommt, dass nicht wir es »machen« können. Wir können nur Raum schaffen, geschehen lassen.

Eine typische Situation: Da haben wir (Männer) uns alles so schön zurechtgelegt, der Plan steht. Dann kommt eine Frau und sagt: Habt ihr überhaupt gebetet, gewartet, etwas reifen lassen? Habt ihr Gott gefragt, was *er* vorhat? Habt ihr das selbst erlebt, wovon ihr sprecht? Das kann ziemlich nerven, aber es ist nur zu wahr.

Oft geht es gar nicht darum, dass wir *auch noch* auf die Frauen hören, *auch noch* beten, sondern es ist ein ganz anderes Prinzip, eine andere Herangehensweise. Von diesem marianischen Ansatz können wir viel lernen.

Mutter der Schmerzen

Aber bevor wir zu sehr ins Schwärmen geraten, liebe Marienfreunde, müssen wir hören, wie die Geschichte weitergeht. Jetzt bekommen alle Muttersöhnchen, Übermütter und Idealisierer der Heiligen Familie einen herben Dämpfer. Jesus grenzt sich klar von Maria oder vielmehr einer falsch verstandenen Mutterrolle ab: als Zwölfjähriger im Tempel, bei der Hochzeit zu Kana, als sie von einer Frau aus der Menge selig gepriesen wird, als die Familie Sonderbehandlung wünscht. Aber dieser Schmerz, Jesus nicht für sich alleine haben zu dürfen, ist nichts im Vergleich zu dem Schmerz, den sie unter dem Kreuz erlebt. Wie von Simeon vorausgesagt, durchdringt der Schmerz wie ein Schwert ihr Herz. Ein Urbild der leidenden Frau, das die Frömmigkeit und die Kunst vieler Jahrhunderte aufgegriffen hat und das wir nicht vorschnell der dunklen Vergangenheit zuweisen sollten.

Frauen empfinden oft tiefer, leiden mehr, können aber auch mehr aushalten, weichen nicht, fliehen nicht.

Man sagt ja, dass die »starken« Männer wehleidiger seien als die Frauen. Die sind zarter, aber auch zäher als wir Männer. Vom Schmerz des Gebärens bis zum Schmerz des Loslassens von allem Liebgewonnenen. Frauen empfinden oft tiefer, leiden mehr, können aber auch mehr aushalten, weichen nicht, fliehen nicht – wie Maria, die unter dem Kreuz steht. Sie ist die Mutter der Schmerzen, der Trost der Leidenden.

Aber dann erlebt sie auch den Auferstandenen, ist mitten dabei im Obergemach, in der Urgemeinde. Man kann nur spekulieren, welche Rolle Maria in der Urgemeinde gespielt hat, aber ihre Stimme dürfte großes Gewicht gehabt haben.

Eine marianische Haltung

Jetzt haben wir uns denkbar weit vom Kasperletheater entfernt. Aber unter all dem Gold, das Maria im Lauf der Jahrhunderte übergezogen wurde, ist sie immer noch eine Frau, mit der man sich identifizieren kann. Was hat sie uns zu sagen?

Sie steht für die »Oma«, die Großmutter, die große Mutter und – ja – die Königin. Vielleicht konnten die Menschen des Mittelalters die Wertschätzung ihrer Rolle, des Weiblichen und Mütterlichen nicht von dem Kult um ihre Person trennen. Es ist interessant, dass zu Beginn der Renaissance, wo das freie und abstrakte Denken erwacht, die Reformatoren auftreten, und den Marienkult als unerträglich empfinden. Heute können und müssen wir das hoch schätzen, wofür Maria steht, ohne sie zu vergöttern.

Für uns Männer heißt das, das Weibliche, Mütterliche zu ehren und auch zu integrieren. Heute versuchen viele, aus dem Aktivismus in Kirche und Welt heraus- und in eine marianische Haltung hineinzukommen: hören, empfangen, geschehen lassen.

Die Apostel, allen voran Petrus, stehen für den männlichen Aufbau des Reiches Gottes, Maria für das weibliche Mysterium, für das Entstehen des Reiches Gottes in uns durch den Heiligen Geist. Wenn wir Männer anfangen, tote Steine, tote Gesetze und tote Werke aufeinanderzustapeln, dann rufen uns Maria und mit ihr die Frauen zu: Lass es Fleisch werden, und zwar zuerst in dir!

Lehren aus Jesu Umgang mit den Frauen

Sicher zeichnen die drei Marias kein umfassendes Bild der Frau. Und: Wir dürfen die Frauen nicht in eine Ecke drängen, wir alle haben männliche und weibliche Anteile. Aber das, was die Evangelien uns über Jesus und diese drei erzählen, lehrt uns etwas Entscheidendes durch alle Zeiten.

Erstens: die *Gleichwertigkeit* und doch die *Unterschiedlichkeit* von Mann und Frau. Es ist ganz wichtig, dass wir diese Balance halten, wie Jesus es tut. Über weite Phasen der Geschichte hat die Unterschiedlichkeit auch zu verschiedener Wertigkeit geführt – zu Lasten der Frauen, die sich zu Recht dagegen gewehrt haben. Heute aber bügelt die richtige Idee der Gleichwertigkeit auch die Unterschiede platt. Eine ungesunde

Vereinheitlichung wird weder Männern noch Frauen gerecht und verstellt Gottes Schöpfungsabsicht der Ergänzung. Natürlich gibt es viele Gegentrends, es ist durchaus in Mode, die Unterschiede zwischen Männern und Frauen, Mars und Venus herauszustellen. Die gesamtgesellschaftliche Tendenz geht aber zum *gender mainstreaming*, zur Vereinheitlichung der Geschlechter, die wir aus Jesu hoch schätzendem Umgang mit Frauen absolut nicht ablesen können.

Zweitens können wir Männer von Jesus die Bedeutung von Liebe, Beziehung und Gefühlen lernen. Er hat diese »weiblichen Anteile« wunderbar integriert, er kann in der einen Situation zärtlich, in der anderen messerscharf sein. Er zeigt seine Gefühle, ohne davon beherrscht zu werden. Und er hat keine Angst vor Frauen, nicht einmal davor, dass seine Beziehungen zu Frauen fehlgedeutet werden.

Drittens lernen wir von ihm die Abgrenzung gegen die weibliche Vereinnahmung, ob es die besitzergreifende Mutterliebe ist oder die Verführung zu unangemessenen Beziehungen. Jesus bleibt immer er selbst, grenzt sich klar und doch liebevoll ab. Er zeigt uns, dass die Frauen durchaus ein männliches Nein ertragen können.

Jesus und die Frauen – ein leuchtender Pfad inmitten eines gefährlichen Dschungels.

Zu diesem Kapitel ergänze ich ein »Frauenlied«, das ich zusammen mit Andrea für ihre CD »Lebendig« geschrieben habe. Es zeigt, dass die Gedanken dieses Artikels auch viel von ihr inspiriert sind. Und sie hat – typisch Frau – dafür gesorgt, dass unser gemeinsamer Text keine nüchterne theologische Abhandlung wird (wie mein erster Entwurf), sondern emotionale Lyrik.

Maria

Maria, Maria, genannt Magdalena
Warst in dir verloren, zu allem bereit
Zerbrochen, gemieden, von Mächten getrieben
Er hat dich gefunden, er hat dich befreit

So hast du dein Leben ihm hingegeben
Warst an seiner Seite, auch als er starb
Du hast ihn gesehen nach der Auferstehung
Er rief dich beim Namen, dort vor dem Grab

Maria, Maria – du warst seinem Herzen nah
Du wolltest einfach lieben – du bist bei ihm geblieben
Auch als es schwer war
Maria, Maria – wie schön doch deine Seele war
Von dir möchte ich gerne – diese Liebe lernen
Die deine Kraft war – Maria, Maria

Maria, Maria, die Schwester von Marta
Sitzt zu seinen Füßen, hörst was er erzählt
Du ließt alles stehen, um ihn anzusehen
Hast in seinen Augen das Beste gewählt

Von deinen Gefühlen ließ er sich berühren
Und mit dir hat er um den Bruder geweint
Du wolltest ihn lieben, dein Kostbarstes geben
Und einfach verschwenden, was wertvoll erscheint

Maria, Maria – du warst seinem Herzen nah
Du wolltest einfach lieben – du bist bei ihm geblieben
Auch als es schwer war
Maria, Maria – wie schön doch deine Seele war
Von dir möchte ich gerne – diese Liebe lernen
Die deine Kraft war – Maria, Maria

Maria, Maria du warst seine Mutter
Ein einfaches Mädchen von Gott ausgewählt
Weil du ihm dein Ja gibst, weil du dich ihm hingibst
Weil du dem Geist Raum gibst, bringst du Gott zur Welt

Bewahrst es im Herzen, erduldest die Schmerzen
Du bleibst unterm Kreuz stehn, als deine Welt bebt
Im Kreis deiner Freunde hältst du ihm die Treue
Erlebst neue Freude weil er ewig lebt

Maria, Maria – du warst seinem Herzen nah
Du wolltest einfach lieben – du bist bei ihm geblieben
Auch als es schwer war
Maria, Maria – wie schön doch deine Seele war
Von dir möchte ich gerne – diese Liebe lernen
Die deine Kraft war – Maria, Maria

Text & Musik: Andrea Adams-Frey & Albert Frey
© 2010 FREYKLANG adm. by Gerth Medien, Asslar
Auf der CD »Lebendig« (Andrea Adams-Frey)

10 Outdoor

Was Männer nur draußen finden

Der wilde Mann

Der »wilde Mann« ist ein Urbild für eine grundlegende männliche Sehnsucht. Sie hat mit Freiheit und Abenteuer, Kampf und Bewährung, Entbehrung und schließlich Weisheit zu tun.

Richard Rohr hat unter diesem Titel schon in den 80ern der christlichen Männerarbeit einen wichtigen Impuls gegeben. Robert Bly hat mit seinem »Eisenhans« einen Klassiker der Männerliteratur geschrieben. In seiner umfassenden Märchendeutung beschreibt er, welche Kräfte dem jungen Prinzen zuwachsen, wenn der das Schloss verlässt und durch Wald, Asche und Kampf seinen Weg geht. Mit viel Geduld und Unterscheidung habe ich sein bisweilen etwas abgehobenes Werk durchgearbeitet. Wenn Robert Bly auch nicht viele hilfreiche Lösungsvorschläge anbieten kann, so hat er die Lage des modernen Mannes doch treffend analysiert. Er beschreibt ihn als einen »Kupfer«-Mann, entsprechend dem eher weichen Metall, das gut leitet – also verbindet, ausgleicht. Eine traditionell eher weibliche Eigenschaft. Der moderne Mann (und auch seine Frau!) vermisst aber das sperrige und harte Eisen. Das findet er nur draußen im Wald, weg von der Mutter, überhaupt der Frau.

Im Neuen Testament steht Johannes der Täufer für den wilden Mann. Er lebt draußen in der Wüste, trägt eine Kamelhaar-Outdoorjacke und isst Insekten und zum Nachtisch wilden Honig. Seine Botschaft ist auch rau und hart: Kehrt um! Das wollen wir nicht gerne hören, und doch spüren wir, wie wichtig seine Stimme damals wie heute ist. Er bereitet den Weg des Heils.

Heute suchen viele Männerfreizeiten die Verbindung zur Natur, Körpererfahrungen, das Ausloten der eigenen Grenzen. Was die einen fasziniert, stößt die anderen ab. Der Mann in freier Wildbahn – von John Eldredge und anderen heraufbeschworen und vielleicht auch idealisiert – ist für viele ein Klischee, eine Rolle, die längst nicht allen Männern zu passen scheint. Ich möchte aber gerade denen, die – wie ich – nicht die

Sportskanonen und Draufgänger sind, Mut machen, nach draußen vor die Tür der eigenen Sicherheit zu gehen und sich selbst und Gott dort neu zu erleben.

Die reale Welt da draußen

Der Mann baut ein Haus. Für seine Familie, für seine Seele. Er setzt Grenzen, einen Rahmen, um sich und andere zu schützen. Dieses Haus kann aber auch zu einem Gefängnis werden. Es hält nicht nur die Gefahr draußen, sondern mich drinnen fest.

Ich glaube, dass wir nicht alle Reisen im Kopf machen können. Wir brauchen körperliche Erfahrungen, Sinneseindrücke, durchlebte Situationen, starke Emotionen, um uns zu verändern, um zu wachsen. Wir sind Menschen mit Körper, Seele und Geist. Es reicht nicht, von Abenteuern in Büchern zu lesen und Spannung im Fernsehsessel zu erleben.

Durch Bücher und Filme, durch große Geschichten können wir unsere Abenteuerlust entdecken und nähren. Aber irgendwann kommt der Moment, in dem wir selbst vor die Tür müssen, sonst schaffen wir parallele Welten.

Im Neuen Testament steht Johannes der Täufer für den wilden Mann.

Dieser Schritt ist schwer, weil er meist nicht so großartig ist, wie das, was wir zu lesen und zu sehen bekommen. Wir kommen schon von einem kleinen Ausflug mit Sonnenbrand oder Knieproblemen zurück, sind frustriert, weil wir den richtigen Weg nicht gefunden oder das Ziel nicht erreicht haben.

Der Schritt nach draußen ist ein Schritt gegen Perfektionismus, gegen Idealismus, hinein in die reale Welt unserer körperlichen Grenzen, unserer emotionalen Launenhaftigkeit und unserer mentalen Unsicherheit. Und gerade deshalb ist er so wichtig. Im Kopf kann ich idealisieren, ausblenden. Wenn ich mir die Beine im Gestrüpp zerschramme oder einen falschen Weg zurückgehen muss, bleibt mir nichts, als mich meinem Fehler zu stellen. Ich bekomme ihn zu spüren.

Der wilde Mann ist nicht Superman, kein 007, dessen Frisur und Anzug immer noch perfekt sitzen, nachdem er den Schurken erledigt und die Welt gerettet hat. Er ist zerzaust und zerrissen, verletzt und erschöpft. Er ist der Jäger, der mal Beute macht, mal mit leeren Händen nach Hause kommt. Der Weg ist das Ziel. Was wir unterwegs erleben, nährt den wilden Mann und macht uns stark, egal, ob wir ein abgestecktes Ziel erreichen oder daran scheitern.

Zuerst allein

Der Weg sieht für jeden anders aus. Deshalb würde ich raten, zuerst allein loszugehen, eine persönliche, eigene Erfahrung zu machen und mich nicht schon im Vergleich, in Konkurrenz oder Ergänzung zu anderen Männern zu erleben. Selbst das Ziel bestimmen, den Weg suchen, das Tempo wählen, die Pausen setzen, verweilen, wo mich etwas anspricht.

Viele sind es gewohnt, immer zu führen oder auch immer zu folgen. Es tut gut, sich nur um sich selbst zu kümmern, sich selbst zu spüren. Mit dem Fahrrad oder zu Fuß, auf dem Pferd oder im Boot, auf Berge oder am Meer entlang, von zu Hause aus oder in ungewohnter Umgebung. Zehn, zwanzig oder dreißig Kilometer. Alles, was über den gewohnten Spaziergang oder die übliche Joggingrunde hinausgeht, bringt mich dem wilden Mann näher. Dabei spielt der Faktor Zeit eine Rolle, die sich nicht durch Technik ausgleichen lässt. Je länger ich alleine unterwegs bin, desto mehr kann an mir geschehen. Gerade das, was ich nicht selbst machen kann.

Die klassische Form ist das Wandern, das mit einem inneren Sinn und Ziel zum Pilgern wird. Es muss ja nicht gleich der Jakobsweg in Spanien sein. In Deutschland gibt es viele Pilgerwege, auch kleine Jakobswege, die auf den traditionellen Pilgerstrecken Richtung Südwesten führen. Wem die Tradition hilft – Kirchen und Kapellen unterwegs, vorgegebene Etappenziele –, der findet hier wertvolle Hilfe.

Wenn ich allein losziehe, geht es mir so, dass ich ganz automatisch und natürlich mit Gott ins Gespräch komme. Vielleicht regt mich etwas in der Landschaft an, ich danke dem Schöpfer für das Schöne oder ziehe Vergleiche. Vielleicht gehe ich einfach meinen Rhythmus, über dem sich ein Gedanke wie eine Melodie entfaltet. Vielleicht wird es ein Duett mit meinem himmlischen Begleiter. Ich schweige, ich denke, ich rede, ich singe. Ich habe auch schon Schreie in die stillen Wälder losgelassen oder wütend Äste zerschlagen, auf Gipfeln anbetend die Hände erhoben und einen Jauchzer zum Himmel geschickt.

Gemeinsam unterwegs

Eine andere Erfahrung ist es, mit einem Freund oder einer Gruppe von Männern loszuziehen. Natürlich können wir Ähnliches erleben, wenn wir mit einer Frau oder einer gemischten Gruppe unterwegs sind. Aber es ist ein Unterschied. Oft haben Männer einfach etwas mehr Kraft, würden schneller und länger gehen. Wer nicht viel wandert oder Sport treibt, fragt sich vielleicht, wo hier das Problem liegt – dann hält man sich eben etwas zurück. Bei einem Spaziergang – ja. Aber einen ganzen Tag lang? Ein Motor muss im richtigen Drehzahlbereich laufen. Wir finden nicht die eigenen Grenzen, wenn sie immer durch andere vorgegeben sind. Es ist gut, der Gentleman zu sein, Rücksicht zu nehmen, den Rucksack zu tragen, das Auto zu holen. Aber dann kann ich nicht ganz bei mir sein.

Auch unter Männern ist das schwer, aber eine gemeinsame Outdoor-Erfahrung kann sehr anregend sein. Es gilt, auszuloten, wo ich mich von anderen anregen und herausfordern lassen soll, oder wo ich lieber bei mir bleibe. Männer haben ein automatisches Konkurrenzverhalten. Jeder will der Schnellste und Ausdauerndste sein, am meisten wissen und können, den größten Fisch fangen und den besten Platz finden. Das können wir positiv nutzen! Ich will von meinen Brüdern lernen und zeigen und geben, was ich kann. Keine falsche Bescheidenheit!

Wir finden nicht die eigenen Grenzen, wenn sie immer durch andere vorgegeben sind.

Aber es ist schwer, die Grenze zu finden. Wann verkrampfen meine Gedanken, meine Kiefer, meine Waden? Wann wird das Spiel miteinander zum Kampf gegeneinander? Wenn ich diese Grenze erkenne und anerkenne, freue ich mich an dem, was der andere besser kann. Ich gönne es ihm und profitiere davon.

Neulich war ich mit einem Freund zwei Tage Bergwandern. Kaum waren wir die lange Strecke angegangen, zeigte sich unser unterschiedlicher Laufstil, der unsere Persönlichkeiten widerspiegelt. Ich – typisch initiativ – wollte zügig los, er – eher der Stetige – legte ein für mich gewöhnungsbedürftig langsames, aber gleichmäßiges Tempo vor. Also war klar, dass mein Freund voranging, zumal er unter Knieproblemen leidet. Mit der Zeit genoss ich das gleichmäßige Wandern, auch wenn ich mir immer wieder etwas Sorgen um die Zeit machte. Wir kamen tatsächlich erst in der Dämmerung an der Hütte an, aber wir hatten es geschafft und die Knie machten mit. Ich war die Tour schon ein paar Jahre früher allein gegangen und war damals – obwohl noch jünger – wesentlich erschöpfter gewesen. Und damals hatten mich meine Knie geplagt. Also wieder etwas gelernt. Überflüssig zu sagen, dass es nicht nur ums Wandertempo geht. Mein eigener Mangel an Stetigkeit in meinem Leben und Arbeiten wurde mir während langer Kilometer deutlich vor Augen geführt.

Vielleicht kann mich das Unterwegssein mit anderen anregen, auch einmal alleine loszugehen, vielleicht auch umgekehrt. Beides ist sinnvoll und wichtig.

Equipment

Was kann uns noch helfen? Wie ich schon im ersten Kapitel »Initiative« festgestellt habe, lieben wir Männer ja Werkzeuge, die richtige Ausrüstung, das »Equipment«. Wie wäre es, einmal nicht die Anzeigen von Elektronikmärkten (oder Musikläden, liebe Musikerkollegen!), sondern Outdoor-Kataloge durchzuwühlen, beim Streifzug durch die Stadt nicht Geräte fürs Wohnzimmer, sondern für draußen zu suchen?

Mich faszinieren gute Schuhe, funktionale Kleidung, erdige Farben. Vor einiger Zeit habe ich mir zum Beispiel richtig gute, gedämpfte, wasserdichte Joggingschuhe geleistet. Seitdem kann ich wieder länger als eine Stunde laufen – wenn es sein muss querfeldein!

Das ist alles nicht so wichtig, aber vielleicht steht ja Weihnachten oder der nächste Geburtstag vor der Tür. Dann wünsche, gönne dir mal was für »vor der Tür«!

Heimkommen

Ist es wirklich so toll, sich zu schinden, nass zu werden, zu schwitzen und zu frieren? Für mich ist – ehrlich gesagt – das Schönste daran das Heimkommen. Der berühmte Moment, wenn der Schmerz nachlässt. Eine frische Dusche, ein gutes Essen, ein gutes Gespräch. Hätte ich dann nicht lieber gleich zu Hause bleiben können? Nein, eben nicht! Das Wasser, die Wärme tun gut wie lange nicht mehr, das Essen schmeckt plötzlich wunderbar, ich freue mich auf die Lieben zu Hause, es gibt was zu erzählen. Als Schatz bringe ich Momente der Selbsterfahrung und vielleicht auch der Gotteserfahrung mit. Nur wer draußen war, weiß drinnen wieder zu schätzen.

Der folgende Liedtext lässt nicht nur die Outdoor-Erfahrung anklingen, er fasst zusammen, was mir insgesamt wichtig ist in Bezug auf Mannsein: Gottes gute Schöpfungsabsichten für uns Männer entdecken. Das eigene Herz entdecken. Lieben aus der inneren Quelle. Kämpfen für das Leben.

Urklang

Aus der Tiefe, fast verschüttet
Dringt der Klang der Ewigkeit
Von den Vätern, von den Müttern
Überbracht seit langer Zeit

Frohe Botschaft, fast verloren
Hart umkämpft, doch nie besiegt
Gottes Wort im Fleisch geboren
Dort erklingt sein Liebeslied
Mitten im Kampf sein Liebeslied

Hör den Urklang, hör den Ruf
Wort im Anfang, das uns schuf
Fühl den Herzschlag in der Brust
Schöpfergeist weck Lebenslust
Liebesglut und Kampfesmut

Aus den Wäldern, von den Bergen
Klingt der Schöpfung Lobgesang
Wild und rau trifft Meer auf Felsen
Immer neu der innre Drang

Weit dort draußen, hinter Grenzen
Wird der Raum des Herzens weit
Wo die Mauern nicht mehr dämpfen
Dort erklingt sein Liebeslied
Mitten im Kampf sein Liebeslied

Hör den Urklang, hör den Ruf
Wort im Anfang, das uns schuf
Fühl den Herzschlag in der Brust
Schöpfergeist weck Lebenslust
Liebesglut und Kampfesmut

Lass die Quellen wieder fließen
Die verschmutzt sind und verstopft
Lass das Leben wieder sprießen
Das verhärtet und verkopft

Lass den Leib zum Haupt hin wachsen
Heile, stärke jedes Glied
Wo wir Christus in uns tragen
Dort erklingt sein Liebeslied
Mitten im Kampf sein Liebeslied

Hör den Urklang, hör den Ruf
Wort im Anfang, das uns schuf
Fühl den Herzschlag in der Brust
Schöpfergeist weck Lebenslust
Liebesglut und Kampfesmut

Text und Musik: Albert Frey
© 2010 FREYKLANG adm. by Gerth Medien, Asslar
Auf der CD »Urklang«

MÄNNER UND DAS HERZ

Von roten, reinen und ganzen Herzen

Rote Herzen

Wir stiefelten in der alten Burgruine umher, um die besten Fotoansichten zu finden. Andrea und ich hatten für das Fotoshooting unserer CD »Zuerst geliebt« bewusst einen rauen, steinigen Hintergrund ausgesucht, damit das Thema »Liebe Gottes« kontrastiert und nicht durch liebliche Bilder zum Kitsch verstärkt wird. Meine Horrorvorstellung war ein rotes Herz. Alles, nur das nicht.

Wir kamen um die Ecke der alten Burgmauer, und was sehen meine müden Augen? Ein rotes Graffiti-Herz, gerade noch lesbar die Schrift darin: »Susi, ich liebe dich!« Ich wollte Andrea noch wegbugsieren, aber zu spät. Sie hatte es bereits gesehen und hielt fröhlich unsere Testkamera drauf. Ich hoffte, es würde wieder in Vergessenheit geraten. Aber als dann der Fotograf kam, wurde das Herz trotz meiner Bedenken geknipst – man weiß ja nie. Man ahnt das Ergebnis: Es fand nicht nur den Weg ins Booklet, wobei die gute Susi grafisch verschwand. Das rote Herz an der Burgmauer wurde auch das Symbol unseres »Zuerst geliebt«-Kongresses ein Jahr später. Wie konnte das passieren?

Nicht nur Andrea und unsere Grafikerin haben mich überredet, nein, ich glaube auch Gott hatte zu mir gesprochen. Kleine und große Kinder lieben das Herzsymbol. Man kann damit Schultaschen, Poesiealben und Kaffeetassen verkaufen, nicht zu vergessen die Geschenkartikel so mancher christlicher Verlage …

Anstatt mich über angebliche Geschmacksverirrungen anderer zu erheben, war ich gefragt, die Herzens-Botschaft hinter dem Symbol zu erkennen und mich nicht am Stil aufzuhalten.

Seit Jahren weiß ich, wie wichtig das Herz im biblischen Sinn ist. Ich hatte darüber Vorträge gehalten und mich bemüht, für mich und andere einen männlichen Zugang zu diesem Thema zu finden, jenseits von Kitsch, Schönfärberei und naiver Romantik. Ich hatte mit innerer Zustimmung bei John Eldredge gelesen, wie tragisch es ist, dass vielen Christen beigebracht wurde, dass das Herz ausschließlich böse sei.

Aber in dieser Zeit spürte ich, dass ich immer noch tiefe Vorbehalte gegen das Herz, gegen mein Herz hatte. Es machte mir Angst. Ich bin kein Herz-Typ. Ich hielt mich früher für einen Kopf-Typ, wahrscheinlich bin ich sogar eher ein Bauch-Typ. Aber die Herz-Sprache ist eine Fremdsprache für mich.

Ich habe beschlossen, dass ich diese Sprache lernen will. Beim Beten lege ich mir manchmal die Hand aufs Herz, um mich zu erinnern, dass ich auf dieser Ebene bleiben will. Ich will mir dann nicht schlaue Gedanken machen, meinen Assoziationen und Ideen freien Raum lassen, sondern beim Einfachen, Emotionalen, Persönlichen bleiben. Ich und du. Spüren und empfinden. Hand aufs Herz – für Männer wie mich ist es gar nicht so einfach, so einfach zu sein.

Was ist das Herz?

In der Bibel ist das Herz die Mitte der Person. Die Lage und Aufgabe des Herzens im Körper steht auch für seine übertragene Bedeutung: Motor, Grundantrieb. Aus dem Herzen kommt das Leben. Sprüche 4,23: »Mehr als alles hüte dein Herz; denn von ihm geht das Leben aus.« Hier sitzt unser Wille, unsere Grundmotivation, das Entscheidungszentrum. Gefühle allein sind nicht das Herz. Aber Gefühle offenbaren, was in unserem Herzen ist. Gerade die extremen Gefühle, die wir nicht mehr mit Wohlanständigkeit überspielen können, zeigen, was uns wirklich antreibt. Deshalb spielen unsere Gefühle eine wichtige Rolle.

Es wäre zu einfach, die moderne Sicht des Herzens als Gefühlszentrum beiseitezuschieben und zu behaupten, die Bibel meine in Wirklichkeit mit Herz unseren Willen. Liebe sei kein Gefühl, sondern eine Entscheidung. Diese Lehre habe ich immer wieder gehört und selbst vertreten. Aber ich fürchte, dahinter steckt oft eine Angst vor Gefühlen, gerade bei Männern. Warum behaupten oft gerade Menschen, die hart und unnahbar wirken, wir müssten über unsere Gefühle herrschen statt die Gefühle über uns?

Ich stimme mit dem Ziel überein, dass wir erwachsene Menschen werden sollen, die nicht von Gefühlsschwankungen umhergetrieben werden.

Aber wir müssen die Reise machen. Wir müssen Wut, Enttäuschung, Trauer empfinden, Euphorie, Jubel, Zärtlichkeit. Das Leben spüren. Dann erst können wir wirklich kämpfen und lieben – denn genau dazu brauchen wir das Herz.

Was ist in meinem Herzen?

Die Frage nach dem Herzen, die Frage nach der Liebe stellt die Bibel immer wieder. Es ist vielleicht die wichtigste Frage überhaupt. In Psalm 139 stellen wir erst fest, dass Gott uns durch und durch kennt, und beten dann, dass er unser Herz »erforschen« soll. Die verborgenen Winkel unseres Herzens sind für Gott wichtig, und sie sind auch für unsere Entwicklung entscheidend.

Aber bevor wir die Frage, was in unseren Herzen ist, beantworten können, müssen wir drei Hindernisse aus dem Weg räumen.

Das erste Hindernis ist unser instinktives Bedürfnis, Negatives zu verbergen und das Herzensbild schön zu färben. Es mag seine Gründe haben, dass wir uns so entwickelt haben. Und es ist gut und sinnvoll, dass wir nicht gegen jeden »offenherzig« sind. Aber irgendwo brauchen wir den Raum, in dem wir radikal ehrlich sein können. Vor uns selbst, vor Gott und möglichst auch vor Menschen. Ich konnte zum Beispiel lange nicht zugeben, dass ich Angst habe. Das habe ich nicht nur vor anderen weit von mir gewiesen, ich habe selbst geglaubt, dass Angst für mich kein großes Thema ist. Vielleicht hielt ich Angst für unmännlich, vielleicht für unchristlich, vielleicht für unreif.

> Kämpfen und lieben – dazu brauchen wir das Herz.

In Wirklichkeit habe ich vor allem Möglichen Angst, aber dafür wurden mir erst in den letzten Jahren die Augen geöffnet. Ich habe Angst, nicht geliebt zu werden, nicht genug zu sein, Angst vor Streit und Ablehnung. Ich habe Angst vor Krankheit oder Unfällen und vor dem Älterwerden. Ich habe Angst vor wütenden Frauen und bissigen Hunden.

Immerhin habe ich keine Angst vor Spinnen bis 10 cm, vor großen Höhen und vor dem Fliegen. Na super, ein ganzer Kerl. Vorletztes Jahr habe ich an Silvester in unserer kleinen Gemeinschaft folgende Jahreslosung gezogen: »In der Welt habt ihr Angst. Aber seid getrost, ich habe die Welt überwunden« (Johannes 16,33). Toll, eine richtige Frauenlosung.

Ich und Angst? Ich meine als Jahresthema? Ja, das hatte mir einiges zu sagen.

Ehrlich werden. Und dann feststellen, dass es gar nicht so schlimm ist. Dass Gott alles weiß. Dass andere auch solche Dinge in ihrem Herzen haben. Dass alles Dunkle, das ans Licht kommt, seine Macht verliert. Jesus stellt nüchtern fest, dass wir alle Angst haben. Aber er tröstet uns. Er ist der Überwinder, nicht wir aus uns selbst.

Das zweite Hindernis ist unsere Verwechslung von Wunsch und Wirklichkeit. Die Frage »Was ist in meinem Herzen?« löst bei vielen ganz schnell die innere Frage aus: »Was sollte in meinem Herzen sein?« Wir verlagern die Antwort in die Zukunft oder entschuldigen uns mit guten Absichten. *Ich will ja* (aber schaffe es nicht). *Ich werde ab jetzt* (wer's glaubt ...). Auf diesem Prinzip funktionieren viele Lobpreislieder, Gebete und Liebeserklärungen von Ehemännern und Vätern mit schlechtem Gewissen. Wir spüren, dass es unehrlich wäre, jetzt von großer Liebe und Hingabe zu sprechen, denken aber, dass das erwartet wird. Also versprechen wir es für die Zukunft oder bekunden unsere guten Absichten. Ich versuche zunehmend, solche Aussagen und Lieder zu vermeiden.

> Wir dürfen inmitten unserer Schwachheit Liebe in unseren Herzen finden.

Ich fürchte, dass Gott (und die lieben Mitmenschen) ziemlich genervt von diesen Versprechungen sind. Würden wir es wagen, zu sagen, was wirklich in unseren Herzen ist, dann würde mehr Beziehung entstehen. Leere, Angst, Ärger – raus damit! Es ist, wie es ist. Wir können nur in der Gegenwart leben. Das Herz bringt uns in diese Gegenwart.

Das dritte Hindernis ist unser mangelndes Zutrauen zu unseren Gefühlen. Manche sind übervorsichtig, wollen auf keinen Fall unehrlich sein. Fragt jemand nach der Liebe, erstarren wir wie das Kaninchen vor dem Jäger. Hier tröstet mich Petrus, der in seinem Herzen immer noch die Liebe zu Jesus findet, obwohl er versagt hat. Bedeutsam an dieser Szene ganz am Ende des Johannesevangeliums ist, dass Jesus Petrus ausgerechnet nach seiner Verleugnung fragt, ob er ihn liebt. Das ist kein stiller Vorwurf. Damit erreicht Jesus, dass Petrus nicht mehr aus seiner Position oder seiner Leistung heraus antworten kann, sondern nur noch aus seinem Herzen. Aber bedeutsam ist für mich auch die Antwort des

Petrus: »Du weißt alles, Herr, du weißt, dass ich dich liebe.« Wir dürfen inmitten unserer Schwachheit Liebe in unseren Herzen finden. Das mag uns ein Trost sein, wenn wir denken, wir würden nicht wirklich oder zu wenig lieben.

Ich habe über diese Begebenheit ein Lied geschrieben, das in manchen Gemeinden unerwünscht ist, wie ich gehört habe. Es gibt darin eine Textpassage, die uns in den Mund legt: »Dreimal leugne ich dich, dreimal werde ich schwach.« Das würde – so wohl die Begründung – dem alten Adam Raum geben bzw. aufrechte Christen dazu bringen, etwas zu singen, was sie gar nicht mehr sind. Stimmt das? Welcher Mensch ist auch nur von einem Sonntag zum nächsten nicht schwach geworden, hat nicht zu wenig geliebt, nicht zu viel festgehalten? Und wer hat Jesus nicht in einer Woche mindestens dreimal verleugnet, insbesondere als er uns in den Geringsten begegnen wollte, die wir ignoriert haben? Wenn wir wirklich ehrlich sind, können wir das jeden Sonntag singen. Und wenn wir Gott nicht als diese Schwachen lieben können, dann können wir ihn gar nicht lieben.

Guter Rat zur falschen Zeit

An dieser Stelle noch eine kleine Nebenbemerkung zum öffentlichen Zugeben von Schwachheit. Andrea und ich versuchen in unserem Dienst bewusst, nicht nur von Heldentaten oder bereits überwundenen Schwierigkeiten zu erzählen, sondern auch von unseren Kämpfen und Niederlagen. Es ist nicht immer leicht, die Grenzen dessen zu finden, was noch in die Öffentlichkeit gehört und was nicht – auch aus Selbstschutz. Aber es kann nicht sein, dass geistliche Leiter und Künstler immer nur die Schokoladenseite zeigen. Das führt sie in einen gefährlichen Zwiespalt, und es frustriert die Zuhörer, die diesen verlogenen Maßstab an sich anlegen.

Nun passiert es aber immer wieder, dass solche Ehrlichkeit nicht Erleichterung, sondern gute Ratschläge auslöst. Wenn ich beispielsweise auf der Bühne von meiner Menschenfurcht erzähle, nimmt mich ein Bruder hinterher beiseite und will mich trösten oder ermutigen und erzählt mir, wie er das damals überwunden hat.

Das hört sich harmlos an, es offenbart aber die ganze Misere dieser Unehrlichkeit. Ich habe ja zu Hause meinen geschützten Ort, wo ich Trost und Ermutigung bekomme. Wenn ich ein solches Beispiel in der Öffentlichkeit erzähle, dann habe ich ein ganz anders Ziel. Ich will Menschen helfen, dass sie sich ihren *eigenen* Schwächen stellen. Mein freundlicher Ratgeber hat aber genau das vermieden und sich stattdessen über mich gestellt. Statt bei sich zu bleiben und das unangenehme Gefühl seiner eigenen Schwäche auszuhalten, springt er in die Position des Gebenden und kann sich dabei gut fühlen. Er hat überhaupt nichts verstanden.

Böses und Gutes

Aber zurück zur Ausgangsfrage: Was ist in meinem Herzen? Wenn wir ehrlich sind, finden wir Böses und Gutes in unseren Herzen. Jesus ist schonungslos klar (Markus 7,21-22): »Denn von innen, aus dem Herzen der Menschen, kommen die bösen Gedanken, Unzucht, Diebstahl, Mord, Ehebruch, Habgier, Bosheit, Hinterlist, Ausschweifung, Neid, Verleumdung, Hochmut und Unvernunft.« Wir können uns also nicht herausreden und die Ursachen und die Gegenmittel wie die Pharisäer »außen« suchen. Das heißt aber nicht, dass das Herz an sich nur böse ist. Wir müssen nur etwas weiter lesen (Lukas 6,45): »Ein guter Mensch bringt Gutes hervor, weil in seinem Herzen Gutes ist; und ein böser Mensch bringt Böses hervor, weil in seinem Herzen Böses ist.« Jesus hat also beides im Blick. Das Herz ist die Quelle des Schlimmsten und des Besten, zu dem wir fähig sind.

Es ist nicht nur die Mördergrube, sondern der Ort, an dem die schönsten und wichtigsten Regungen entstehen, zu denen Gott uns geschaffen hat: Mut, Opferbereitschaft, Mitgefühl und vor allem Liebe.

Beides dürfen wir darin finden. Diese Bestandsaufnahme sollten wir immer wieder machen. Die Frage nach dem Herzen stellen, sie von Gott an uns stellen lassen: »Adam, wo bist du? – David, erforsche dein Herz! – Petrus, liebst du mich?«

Was aber tun wir mit den bösen Regungen, die uns dann begegnen?

Ein reines Herz

Die Psychologie, so hilfreich sie sein mag, ist ohne Gott letztlich grausam. Sie hilft uns, einen ehrlichen Blick in unsere Herzenskammer zu werfen, und lässt uns dann in der Mördergrube allein. Vielleicht hilft sie uns, etwas zuzugeben, anzunehmen, vielleicht sogar mir selbst und anderen zu vergeben. Aber ein reines Herz kann der Mensch nicht schaffen, das kann nur Gott schenken. David betet im Psalm 51: »Schaffe in mir, Gott, ein reines Herz.« Nach einem Ehebruch und einem Auftragsmord ist das keine fromme Floskel, sondern ein existenzieller Schrei.

Ein gereinigtes Herz ist das große Geschenk der Erlösung, der Vergebung, des Neuanfangs. Es verhindert, dass unsere Herzen immer härter, verschlossener und bitterer werden. Wir bekommen statt einem Herz aus Stein ein Herz aus Fleisch. Mit der kindlichen Unschuld eines reinen Herzens können wir wieder Gott sehen, wie Jesus in den Seligpreisungen verspricht (Mathäus 5,8).

Das ist das entscheidende, unverdiente Geschenk Gottes. Aber wir haben auch eine Verantwortung, unser Herz zu schützen und zu pflegen. Noch einmal Sprüche 4,23: »Mehr als alles *hüte* dein Herz.« Wir müssen uns überlegen, welchen Einflüssen wir uns unbeschadet aussetzen können. Welche Menschen, welche Medien greifen die Reinheit meines Herzens an? Wo werde ich verführt?

Und wie gehe ich mit den dunklen Regungen meines Herzens um? Ignoriere oder verleugne ich sie? Rechtfertige oder relativiere ich sie? Oder bringe ich sie demütig ans Licht der Gnade Gottes?

Das Ziel ist das ungeteilte Herz.

Von ganzem Herzen

Das Ziel ist das ungeteilte Herz. Was immer wir empfinden, denken, entscheiden, sagen und tun – im Idealfall geschieht das »von ganzem Herzen«. In der Gegenwart, mit voller Aufmerksamkeit, ohne Hintergedanken und Berechnung. Bei Jesus können wir das beobachten. Ein ganzer Mann, ein ganzer Mensch, ein ganzes Herz.

So weit wir auch davon entfernt sein mögen, wir können träumen. Wir können die Vision eines Lebens von ganzem Herzen in uns tragen statt der Vision eines erfolgreichen oder leichten Lebens. Von ganzem Herzen das Feuerholz aus dem Keller holen, von ganzem Herzen die Spülmaschine einräumen, von ganzem Herzen die Steuererklärung machen, von ganzem Herzen Menschen begegnen, Lieder singen, einen Gottesdienst besuchen. Ich finde es unglaublich schwer, alles in meinem Alltag von ganzem Herzen zu tun. Oft bin ich in Gedanken schon beim Nächsten oder bei dem, was ich für wichtiger halte. Ich arbeite die Liste ab, ich sitze die Zeit ab, bis ich zum Eigentlichen komme. Aber das ist eine Illusion. Gott ist in allem zu finden. Alles ist bedeutsam. Ich bin traurig und wütend darüber, dass mir in meinem Leben so wenig beigebracht wurde, von ganzem Herzen zu leben. Aber es ist nie zu spät.

Wie der Blechmann in der Geschichte »Der Zauberer von Oz« müssen wir modernen Männer uns auf die Suche nach dem verlorenen Herzen machen. Der böse Zeitgeist würde aus uns gerne genauso hohle Blechbüchsen machen wie die toten Autos, die so viele verherrlichen, oder die industrielle Dosennahrung, die uns nicht wirklich satt macht. Wir brauchen ein lebendiges, weiches, reines, ganzes Herz.

Wie ich schon sagte: ein rotes Herz.

Dreimal

Werd ich dir folgen, was auch geschieht
Werd ich dir treu sein, wenn keiner mich sieht
Kann ich mein Kreuz tragen,
den schmalen Weg gehn
Und mich selbst verleugnen, dem Stolz widerstehn

Dreimal werde ich schwach
Dreimal leugne ich dich
Dreimal fragst du mich nur: Liebst du mich?

Du weißt alles, Herr
Du weißt, dass ich dich liebe
Selbst wenn alles fällt
So weiß ich doch, ich bliebe
In deiner Liebe

Werd ich dir folgen ans Ende der Welt
Alles verlassen, was mich noch hält
Werd ich im Kampf bis zum Ende bestehn
Die Hände am Pflug und
Nicht mehr rückwärts sehn

Dreimal werde ich schwach
Dreimal leugne ich dich
Dreimal fragst du mich nur: Liebst du mich?

Du weißt alles, Herr
Du weißt, dass ich dich liebe
Selbst wenn alles fällt
So weiß ich doch, ich bliebe
In deiner Liebe

Text & Musik: Albert Frey
© 1999 D&D Medien, Grünkraut
Auf der CD »Land der Ruhe«

FREUNDSCHAFT

Auf Augenhöhe

Amicus cognoscitur
amore,
more,
ore,
re.

(Einen Freund erkennt man an Liebe, Charakter, Reden und Tun.)
Sprichwort aus dem alten Rom

Freundschaft als Urbild

In diesem Kapitel will ich vertiefen, was wir schon im 5. Kapitel über den Archetyp des Liebenden gestreift haben: *Filia*, die Freundschaft.

Die tiefere Dimension von Freundschaft können wir nur sehen, wenn wir die vertikale und die horizontale, die göttliche und menschliche Dimension zusammen in den Blick nehmen. Das will ich versuchen, von der einfachen Männerfreundschaft bis zum Abendmahlssaal.

Wenn wir nur die geistliche Ebene sehen, verpassen wir die praktische Seite der Freundschaft und bleiben am Ende mit allem Wissen einsam. Sehen wir nur die soziale Ebene, dann verpassen wir die tiefere Bedeutung von Gottes Schöpfungsidee.

Neben der Beziehung von Mann und Frau einerseits und Kind und Eltern andererseits ist Freundschaft die dritte große Beziehungsebene. Das trifft auf unser Leben zu, aber auch auf Gottes Offenbarung über sein Wesen und die Art, wie er mit uns in Beziehung treten will. Wir sind ja »nach seinem Bild« geschaffen, auch was unsere Beziehungsfähigkeit betrifft.

Das erste Bild vom ehelichen Treuebund zwischen Gott und seinem Volk zieht sich durch die ganze Bibel, von den Propheten (die meist unsere Untreue beklagen) über das Hohelied und die Hochzeitsgleichnisse Jesu bis zur Offenbarung. Dem zweiten Bild, der Kindschaft, kommt allergrößte Bedeutung zu, wie wir schon betrachtet haben. Warum brauchen wir dann noch ein drittes?

Die Bindungsenergie der Freundschaft ist geringer als die von Ehe oder Kindschaft. Die Ehe ist exklusiv, es ist die eine große Entscheidung für das ganz andere, ohne das ich unvollständig bin. Die Kindschaft ist eine Beziehung von zwei unterschiedlichen Ebenen, die wir uns zumindest im biologischen Sinne nicht aussuchen können. Freundschaft dagegen beruht auf Freiwilligkeit und der Verbindung von zwei Gleichen. Sie kann zwischen leichter Annäherung und »Blutsbruderschaft« viele Formen annehmen.

In der bildhaften Darstellung der Ehe sind sich Mann und Frau zugewandt, als Gegensätze vereint. Vater oder Mutter halten das Kind im Arm oder an der Hand, ein Bild von Fürsorge und Geborgenheit. In der Darstellung der Freundschaft stehen zwei nebeneinander, blicken in dieselbe Richtung, gehen denselben Weg.

Die bekannte Freundschaftsikone von Christus und Menas (Heiliger der koptischen Kirche, 3. Jh., gemalt im 6. Jh., heute im Louvre, Paris), die auch in Taizé eine große Rolle spielt, zeigt die beiden auf diese Weise nebeneinander. Sie schauen in dieselbe Richtung, sind annähernd gleich groß(!), sehen einander sogar ähnlich. Christus legt freundschaftlich seine rechte Hand auf die Schulter von Menas, aber es bleibt ein Abstand zwischen den beiden, es gibt keine Vereinnahmung. Menas zeigt wiederum mit seiner Rechten auf Christus. So gibt es einen zarten Fluss der Beziehungsenergie. Gott hat uns so geschaffen, dass wir auch dieses Nebeneinander-Stehen brauchen – und oft auch schmerzlich vermissen.

Echte Freunde

Tatsächlich leiden besonders viele Männer an einem Mangel an Freundschaft. Wir haben Mitschüler, Kommilitonen, Kollegen und geistliche »Geschwister«. Aber haben wir auch Freunde?

In einer Schulklasse oder Jugendgruppe gelingt es noch den meisten, Gleichgesinnte zu finden, eine Clique aufzubauen oder einen »besten Freund« zu haben. Aber wenn dann die Wege auseinanderführen, Arbeit und Familie alle Aufmerksamkeit brauchen, stellen viele Männer zu spät fest, dass sie keine echten Freunde mehr haben. Gemeinde und Dienste geben vielen christlich engagierten Männern das Gefühl, ein freundschaftliches Beziehungsnetz zu haben. Aber wer kennt mich wirklich, wem kann ich Persönliches anvertrauen? Mit wem kann ich auch über Ehe- und Familienprobleme reden, ohne meinen guten Ruf zu riskieren? Mit wem bin ich gern zusammen, ohne Arbeit und Projekte? Mit wem würde ich in Urlaub gehen?

Spätestens im Ruhestand, wenn die beruflichen Beziehungen wegfallen, stehen viele isoliert da. Jetzt hätten sie Zeit, finden aber nicht mehr die Wege zur Freundschaft.

Frauen tun sich da oft leichter. Sie knüpfen schneller Kontakte und schütten einander eher ihr Herz aus. Typischer Fall: Sie telefoniert Stunden mit der besten Freundin, er schreibt dem Kumpel ein kurzes E-Mail. Männerfreundschaften haben noch stärker den Charakter des Nebeneinander-Stehens oder -Gehens. Männer reden nicht über ihre »Beziehung«, sie tun etwas zusammen, sind zusammen unterwegs. Wir funktionieren anders. Männerfreundschaften können tief und fest sein, auch wenn gar nicht viel Persönliches geredet wird. Aber es muss auch die Momente geben, in denen wir uns voreinander schwach zeigen, unsere Not teilen, einen Konflikt aushalten. Oft bleiben wir auf der unverbindlichen Ebene stecken, behalten unsere Panzer an, damit wir nicht verletzt werden, und können uns so sicher fühlen. Wir reden den ganzen Abend über Autos, Computer oder Politik und gehen nach Hause, ohne wirklich etwas vom anderen erfahren zu haben. Aber das ist noch keine echte, tiefe Freundschaft.

> Männer reden nicht über ihre »Beziehung«, sie tun etwas zusammen, sind zusammen unterwegs.

Offensichtlich gelingt Freundschaft nicht »von selbst«, wie wir oft denken. Wir müssen bewusst Entscheidungen treffen, um Freundschaften zu finden und zu pflegen, um auf eine persönlichere Ebene zu kommen. Das geht oft gegen unser Gefühl, das sich bei Freundschaft natürliche Entwicklung wünscht und nicht noch mehr Initiative oder Verbindlichkeit will. Aber gerade weil Freundschaft keine feste Verpflichtung mit sich bringt, ist sie gefährdet. Freundschaft muss uns auch etwas kosten dürfen.

Das heißt aber nicht, dass wir Freundschaft künstlich bauen können. Das wird uns nicht lange gelingen. Zu dem einen finden wir ganz natürlich einen Draht, zu dem anderen nicht. Unser Herz weiß das oft schon, bevor es unser Kopf wahrhaben will. Wir dürfen, wir müssen uns Freunde nach Sympathie suchen. Ähnliches Alter, ähnliche Interessen, ähnliche Art, zu denken und zu fühlen – das sind gute Voraussetzungen. Aber dann müssen wir dranbleiben, miteinander Zeit verbringen, uns tiefer kennenlernen, die Schutzmauern abbauen, Freud und Leid teilen.

Das sind nicht immer nur Entscheidungen für einen Freund, sondern auch Entscheidungen dagegen. Man kann nicht jedermanns Freund sein. Das Erste, was bei Jesus zum Thema Freundschaft auffällt, ist sein Mut zur Auswahl. Er wählt nicht nur die zwölf, er nimmt zu gewissen Gelegenheiten drei mit und hat auch zu diesen unterschiedliche Beziehungen. Johannes hat eine innige Freundschaft zu Jesus, er ruht an seiner Brust. Mit Petrus führt er Diskussionen und investiert ganz besonders in diesen leidenschaftlichen und starrköpfigen Fischer. Damit riskiert er Neid und Eifersucht. Wenn selbst Jesus, der die Liebe Gottes verkörpert, seine Freundschaften so eingrenzt, dann sollten wir umso mehr den Mut dazu haben.

Geschwister und Freunde

Wir verwechseln oft Geschwister und Freunde. Brüder und Schwestern – das wäre wohl noch die vierte Ebene – suchen wir uns nicht aus. Auch mit geistlichen Geschwistern fühlen wir uns oft zusammengestellt, obwohl wir sehr unterschiedlich sind und uns manchmal natürlicherweise nicht sympathisch wären.

Freunde können auch »Brüder und Schwestern« sein, wir finden sie aber hoffentlich auch außerhalb unserer (geistlichen) Familie. Es sind zwei Kreise mit einer Schnittmenge. Geistliche Gemeinschaft und Freundeskreis müssen nicht identisch sein! Das ist eine große Erleichterung, die Andrea und ich im Aufbau unserer kleinen geistlichen Gemeinschaft erleben. Wir versuchen, unsere Beziehungen zu stärken, aber wir haben nicht den Anspruch, dass wir beste Freunde werden müssten oder gar keine anderen Freundschaften mehr haben dürften.

Solche anderen Freundschaften setzen auch nicht den gemeinsamen Glauben voraus. Viele meinen, dass »Freundschaftsevangelisation« immer noch die beste Art sei, den Glauben weiterzugeben. Aber sie funktioniert nicht immer wie im Lehrbuch. Manche Freunde zeigen sich beharrlich resistent gegen unsere Überzeugungsversuche. Vielleicht spüren sie, dass wir uns nicht wirklich auf die Freundschaft einlassen. Oder vielleicht sind wir zu vorsichtig. Oder vielleicht entscheiden sich unsere Freunde einfach anders, obwohl sie uns mögen. Aber so ist Freundschaft – voller Freiheit.

Die besten Freundschaften sind aber wohl die aus der Schnittmenge. Bruder und Freund, eine doppelte Verbindung, die in der Freundschaft mit Gott wurzelt. Schauen wir uns diese geistliche Tiefendimension von Freundschaft an.

Jesus als Freund

Schillers Gedicht »Die Bürgschaft« handelt von einer antiken Freundschaftsgeschichte. Damon wird beim versuchten Tyrannenmord erwischt und zum Tod am Kreuz verurteilt. Er hat aber noch eine dringende Familiensache zu erledigen und lässt dem Tyrannen seinen Freund als Bürgen, der – sollte er nicht rechtzeitig zurückkehren – statt seiner die Todesstrafe erleiden müsste. Auf dem Rückweg passiert ein Unglück nach dem anderen. Der verzweifelte Damon, der die Situation nie zu seinen Gunsten ausnutzen wollte, hat schon den Tod des Freundes vor Augen und schafft es noch in letzter Sekunde. Der Tyrann, gerührt von dem Glauben des einen und der Treue des anderen Freundes, lässt beide leben und hat den berühmten Wunsch, »in eurem Bund der Dritte« zu sein.

Viele haben diese Geschichte auf die Jesusgeschichte hin gedeutet: das Kreuz, die drei Tage, der stellvertretende Tod des Unschuldigen (der hier allerdings – typisch humanistisch – nicht mehr nötig ist!). Zumindest zeigt diese Geschichte die Kraft tiefer und echter Freundschaft.

In Johannes 15 nennt uns Jesus seine Freunde. In seiner Abschiedsrede blickt er auf drei Jahre der Freundschaft mit seinen Jüngern zurück. Er gibt dem einen Namen, was sie schon die ganze Zeit erlebt haben. Jesus ist der wahre Freund, wie ihn sich schon die alten Griechen und Römer wünschten. Das zeigt sich an seiner Liebe und seinem Charakter, seinen Worten und Taten. Er kündigt seinen Beweis der größten Liebe an: »wenn einer sein Leben für seine Freunde gibt« (Vers 13). Wenige Stunden später wird er genau das tun.

Die Szene spielt im Abendmahlssaal, am Tisch. Dieses Bild der Freunde um den Tisch hat Künstler zu allen Zeiten inspiriert. Es trifft eine große Sehnsucht in uns, menschlich und geistlich.

Beim Königsarchetyp haben wir schon König Artus' Tafelrunde betrachtet. Auch hier finden wir das Bild der Freunde am Tisch. Wir sollten es immer wieder konkret erleben und tatsächlich mit Freuden und dem unsichtbaren Jesus mitten unter uns an einem Tisch sitzen, essen und reden. Wenn wir nur die große Gemeinde in Kirchen mit parallelen Stuhlreihen haben, ist das ein unzureichender Ersatz für diese Erfahrung.

Jesus lädt uns in eine freundschaftliche Beziehung zu ihm und damit auch dem Vater ein. Abraham wurde Freund Gottes genannt (Jakobus 2,23), Mose redete mit Gott »wie mit einem Freund« (2. Mose 33,11), David pflegte die Freundschaft zu Gott, aber nun steht sie uns allen offen! Das ist ein wunderbarer Zugang zu Gott, gerade wenn wir auf anderen Beziehungsebenen verletzt sind. *Freundschaft mit Gott*: eine große Einladung, die durch die Zeit klingt. Mit Gott auf Augenhöhe, gemeinsam unterwegs, durch Sympathie, durch *filia*, die Freundesliebe, verbunden. Manchmal denken wir vielleicht: Klar *liebt* mich Gott, er ist schließlich Gott, da muss er das ja wohl. Aber *mag* er mich? Findet er mich nett? Hat er Spaß mit mir? Ist er gern mit mir zusammen?

Deshalb eröffnet uns Jesus die Freundesdimension. Er nennt uns nicht mehr Knechte (Johannes 15,15). Die Beziehung von Herr und Knecht beruht auf Verpflichtung und Leistung, Schuld und Lohn. Das ist das System der Religion und übrigens auch der Wirtschaft und der Rechtssprechung. Wir übertragen das automatisch auf Gott. So funktioniert unsere Welt. Jesus aber bringt uns ein neues Verhältnis zu ihm und zum Vater. Er liebt uns nicht nur »geistlich« oder »aus Prinzip«. Er mag uns, jeden persönlich. Er sehnt sich nach der Freundschaft zu seinen Menschen.

> Jesus lädt uns in eine freundschaftliche Beziehung zu ihm und damit auch dem Vater ein.

Anspruch und Zuspruch

Das ist der große Zuspruch, die ausgestreckte Freundeshand. Aber wir dürfen die Freundschaft nicht mit einer Light-Version der Liebe verwechseln, uns bei Bedarf als Freunde Gottes gut fühlen und ansonsten tun, was uns passt.

Jesu Freundschaft ist nicht unverbindlich und frei von Anspruch, im Gegenteil. In einem gewissen Sinn erwartet er vom Freund mehr als vom Knecht. So verstehe ich auch den Zusatz in Johannes 15,14b: »Ihr seid meine Freunde, wenn ihr tut, was ich euch auftrage.« Man könnte das so missverstehen, dass wir uns eben doch knechtisch die Freundschaft verdienen müssten. Aber gleich danach erklärt Jesus den Unterschied: »Der Knecht weiß nicht, was sein Herr tut. Vielmehr habe ich euch Freunde genannt; denn ich habe euch alles mitgeteilt, was ich von meinem Vater gehört habe. Nicht ihr habt mich erwählt, sondern ich habe euch erwählt.« Der Knecht erfüllt einfach den Auftrag. Jesus aber weiht uns ein, teilt mit uns seine Mission. Christus und Menas auf Augenhöhe. Freundschaft verlangt nach Antwort, nach Gegenseitigkeit. Sie bringt uns in die Stellung von Partnern. Aber Jesus ist der *primus inter pares*, der Erste unter Gleichen. Er überragt Menas eben doch »ein wenig« (Psalm 8,6: »Du hast ihn nur wenig geringer gemacht als Gott«). Nicht wir geben ihm den Auftrag (was wir oft genug versuchen), sondern er uns. Ein Detail der Ikone habe ich noch nicht beschrieben: Christus hält die ganze Schrift in der Linken, Menas dagegen eine kleine Rolle, sein persönliches Wort. Christus ist das Wort, er hat das Ganze. Jeder von uns hat auch sein Wort, aber es ist nur ein Teil des Ganzen, seine persönliche »Rolle«.

Vor Kurzem habe ich an einem Leitertreffen mit dem Thema »Freundschaft« teilgenommen. Wir hatten einen Gebetsabend, an dem wir Jesus für seine Freundschaft zu uns dankten und ihn anbeteten als den, der sein Leben für die Freunde gab. Gegen Ende kam der geistliche Impuls auf, dass wir diesen Freundschaftsbund erneuern und Jesus neu unsere Verfügbarkeit zusagen sollten. Als wir das in einzelnen und gemeinsamen Gebeten taten, war es ein Gefühl, als würden die Musketiere wieder ihre Schwerter zusammenstecken: Einer für alle, alle für einen! Oder die Ritter der Tafelrunde, die Artus Treue geloben. Jesus will uns an seiner Seite haben!

Hinter dieser unglaublichen Aufwertung und Mitverantwortung bleiben wir meist zurück. Die Worte Jesu scheinen auch heute noch zu radikal. Wir bleiben lieber Knechte, erfüllen unsere Schuldigkeit und wollen ansonsten in Ruhe gelassen werden.

»Ich habe so viele Knechte und so wenig Freunde« – ein prophetisches Wort, das ein Freund von mir vor einiger Zeit von Gott her empfunden hat. Es zeigt den Schmerz der ausgestreckten Freundeshand Gottes, in die nicht eingeschlagen wird; sei es, weil uns die Freundesbotschaft nicht erreicht, oder weil wir sie ablehnen. Ich spüre darin aber auch den Zorn über die vielen, die uns diese frohe Botschaft vorenthalten haben und lieber Knechte heranziehen wollten. Für eine Organisation ist der Freundesgedanke gefährlich, er macht vieles überflüssig. Wer so einen direkten Draht zu Gott hat, dem muss nicht alles vorgekaut werden, der braucht keine engen Grenzen und kein System von Lohn und Strafe, Zuckerbrot und Peitsche.

Freund Gottes? Zu schön um wahr zu sein – denken wohl viele. Die gute Botschaft ist immer besser, als wir zu hoffen wagen, als unsere Erfahrungen uns lehren. Deshalb müssen wir sie *glauben*.

Offen werden

Ich will offener werden – für die Freundschaft mit Gott und Menschen.

Ich will mit Gott reden »wie mit einem Freund«. Ich will mit Jesus Abenteuer erleben, an seiner Brust ruhen, mich zusammen mit anderen Freunden (Männer und Frauen) um seinen Tisch scharen.

Und ich will menschliche Freundschaft suchen und vertiefen. Nach unserem Umzug vor ein paar Jahren ist das gar nicht so einfach. Aber ich erlebe auch über vierzig und mit einem überregionalen Beruf, der mich vor Ort kaum in Beziehungen bringt, dass neue Freundschaften entstehen. Ich gehe mit Freunden wandern oder essen. Ich treffe mich monatlich mit einem kleinen Männerfreundeskreis.

Ich weiß, dass viele Männer sehr darunter leiden, dass sie keine echten Freunde haben. Ich bin alles andere als ein Spezialist, von Natur aus eher ein Einsiedler und Eigenbrödler. Aber vielleicht kann ich gerade deshalb auch anderen Mut machen: Trau dich, auf andere zuzugehen, Initiative zu ergreifen. Sei bereit, ein Freund zu werden, geh das Risiko der Freundschaft ein. Lass dich von Enttäuschungen nicht entmutigen. Such bei Jesus neue Freundschaftsenergie. Spür seine Hand auf deiner Schulter. Blick mit ihm nach vorn.

Der folgende Liedtext ist noch unveröffentlicht. Es kann sein, dass er sich bis zur endgültigen Fassung noch verändert, aber er passt einfach zu gut, um ihn zurückzuhalten.

Die Freundschaft mit Gott

Echte Freundschaft
Mitgefühl und Hilfsbereitschaft
Einen Platz in deiner Mannschaft
Das ist dein Geschenk für mich
Echte Freude
Wie ein Fest der kleinen Leute
Mit dir leben hier und heute
Das ist dein Geschenk für mich

Ich hab dich, du hast mich
Und der Rest findet sich

Die Freundschaft mit Gott
Die Freundschaft mit Gott
Die Freundschaft mit Gott
Lässt mich leben

Echte Gnade
Du biegst meinen Schrott gerade
Bist dir für mich nicht zu schade
Das ist dein Geschenk für mich
Echten Frieden
Du hast nie den Kampf gemieden
Du hast dich für mich entschieden
Das ist dein Geschenk für mich

Ich hab dich, du hast mich
Und der Rest findet sich

Die Freundschaft mit Gott
Die Freundschaft mit Gott
Die Freundschaft mit Gott
Lässt mich leben

Text und Musik: Albert Frey

MORAL UND INSPIRATION

Vom schlechten Gewissen zur wahren Sehnsucht

Der Weg der Moral

Wir Christen sind Menschen mit einem hohen moralischen Anspruch. Wir Männer vielleicht manchmal besonders, weil wir nicht so sehr vom praktischen Leben, sondern vom theoretischen System her denken. Wir wollen alles richtig machen. Die Lehre Jesu liefert uns auf den ersten Blick dafür eine Steilvorlage: die Bergpredigt, das Liebesgebot – höchste moralische Maßstäbe.

Dementsprechend wird in unseren Kirchen und Gemeinden viel über »Du sollst ...« gepredigt. Etwas moderner und unverbindlicher heißt es dann: »Man sollte ...« oder »Sollte uns das nicht zu denken geben«. Das ändert nichts daran, dass es immer um eine Änderung unseres Verhaltens geht. Etwas stimmt nicht mit mir. Das muss anders, ich muss besser werden.

Auch die christliche Männerarbeit ging und geht diese Wege. Wir wollen Männer sein, die Versprechen halten, mit Gott, Gemeinde, Frau und Kindern mehr Zeit verbringen, unseren Freunden und Kollegen von Jesus erzählen. Und wir wollen Männer sein, die nicht im Internet auf falsche Seiten oder im wirklichen Leben auf falsche Wege geraten. Ein Prediger hält uns diesen hohen Maßstab vor Augen, appelliert an unseren Willen, an unser (schlechtes) Gewissen und gibt uns vielleicht sogar das heroische Gefühl, dass ab jetzt alles anders wird – mit dem Ergebnis, das jeder kennt, der ein paar Wochen später ehrlich nachhakt.

Ich wage zu behaupten, dass der Weg Jesu ein anderer war und ist, auch wenn es um das gleiche Ziel geht: den Willen Gottes für uns umzusetzen.

Inspiration – Begeisterung

Jesus war zunächst ein Lehrer, der inspirierte. Er begeisterte die Menschen für das Reich Gottes, weckte in immer neuen Bildern unsere Sehnsucht nach Gottes neuer Welt. Er weihte seine Zuhörer in Geheimnisse ein, stellte ihnen den Vater vor, zeigte ihnen, wie Gott wirklich ist. Seine Lehre und seine Person waren so anziehend, dass viele alles stehen ließen, um ihm zu folgen. Seine Einladung zur Beziehung, zur Freundschaft haben wir ja im letzten Kapitel betrachtet.

Das ist ein viel positiverer Ansatz, eine frohe Botschaft, die aufbaut, statt uns ein schlechtes Gewissen zu machen. Sie zeigt uns, wer wir in Gottes Augen sind: Erwählte, Geliebte, Freunde – und Verletzte, Zerbrochene, Gescheiterte, die noch nicht in der Würde und in den Möglichkeiten leben, die Gott für sie hat.

Könnten wir nicht auch so lehren, predigen? Die Sehnsucht nach dem Wahren wecken? Inspirierende Bilder und Gleichnisse finden? Statt »Du sollst nicht …«: »Du bist zu etwas Besserem berufen, den Müll brauchst du nicht!« Auch die christliche Männerarbeit sucht zunehmend den Ansatz der Inspiration. Geschichten werden erzählt, (Ur-)Bilder betrachtet. Trockene Lehre wird durch gemeinsame Erlebnisse, Spaß, Gemeinschaft, Abenteuer ergänzt. Statt im Gemeindehaus triff man sich im Wohnzimmer, beim Italiener oder auf der Berghütte. Wer sagt, dass ein christliches Männertreffen wie ein Gottesdienst ohne Frauen aussehen muss? (Und wer sagt, dass der Gottesdienst so aussehen muss?) Jetzt säge ich an dem Ast, auf dem ich sitze: Brauchen wir immer Lobpreis? Brauchen wir immer Fürbitte? Wie müsste unsere Veranstaltung aussehen, damit ich selbst richtig gerne hingehen würde?

> Jesu Lehre und seine Person waren so anziehend, dass viele alles stehen ließen, um ihm zu folgen.

Personen inspirieren

Wird unser Glaube da nicht flach? Geht da nicht die inhaltliche Substanz verloren? Das kann passieren. Es kommt aber nicht so sehr auf das Konzept an, sondern auf die beteiligten Personen. Eine abstrakte Idee wird selten begeistern, aber eine Person, ein Freund, ein Vorbild, das sie lebt, verkörpert – das hat Kraft zur Veränderung. Wie sind wir denn zum Glauben gekommen? Die meisten nicht durch Gelesenes und Gehörtes (allein), sondern durch Personen, die glaubhaft waren. Ob wir wollen oder nicht, die lauteste moralische Botschaft sind wir selbst. Wenn wir den schmalen Weg gehen, können andere folgen.

Wie Jesus werden?

Das ist doch das große Ziel, das stimmt doch immer, oder? What would Jesus do? Den Bedürftigen helfen; die Kranken heilen; die Lasten der Schwachen, ja das Kreuz tragen; die Verirrten bekehren; die Gefangenen befreien; die Gebundenen erlösen; die Welt retten – halt, Stopp! Irgendwo in unserer Aufzählung sind wir zu weit gegangen. Am Anfang mag noch alles stimmen, aber am Ende geht es um Dinge, die Jesus für uns getan hat und die wir deshalb *nicht* zu tun brauchen, ja, nicht tun dürfen. Das wäre Anmaßung, die Ursünde: sein wollen wie Gott!

Die Theologen werden mir vielleicht entgegenhalten, dass ich nur die Sprache verwirrt habe, und dass es eigentlich ganz klar ist: Das Erlösungswerk ist Jesus vorbehalten, in allem anderen eifern wir ihm nach. Aber ist es wirklich so einfach? Wirken wir nicht doch am Erlösungswerk mit? An seiner Ausbreitung, seiner Umsetzung? Ich glaube, dass wir in der Praxis ständig um diese Grenze ringen müssen: Wo sollen wir nachfolgen, nacheifern? Und wo dürfen wir uns zurücklehnen, annehmen, geschehen lassen?

Bei einem Seminar vor einigen Jahren teilte jemand in der Abschlussrunde seine Erkenntnis der zurückliegenden Tage mit: »Ich habe erkannt, dass Jesus der Retter ist – und dass ich es *nicht* bin. Ich habe versucht, alles Mögliche in meinem Umfeld zu retten, und wäre fast daran zerbrochen. Jetzt ist mir eine riesige Last von den Schultern genommen.« Viele in der Runde nickten verständnisvoll und wissend. Ich bin nicht der Retter – Gott sei Dank – eine Erkenntnis, die wir immer wieder brauchen.

Wie können wir die Grenze finden? Die Hände in den Schoß legen, die eigene Erlösung genießen und den lieben Gott den Müll rausbringen lassen – das kann es ja auch nicht sein.

Ich schlage vor, dass wir einfach Jünger bleiben. Der Meister ist noch da! Jesus lebt, wir sind keine Nachlassverwalter. Er geht immer noch voran! Er hat den Durchblick und die Macht. Wir müssen, nein, wir dürfen Jesus nicht ersetzen. Wir wirken mit unseren Begrenzungen mit.

Bei »Jugend mit einer Mission« habe ich gelernt, dass wir uns nicht von der Not der Menschen leiten lassen sollen. Das hat mich als hoch motivierten jungen Mann verwundert. Wenn wir Not sehen, müssen wir doch helfen! Uns wurde beigebracht, dass wir uns von Jesus das Feld zeigen lassen sollen, auf dem wir zu arbeiten haben. Die Not der Welt ist zu groß. Wir erschöpfen uns zu schnell. Wir brennen aus, wenn wir uns nicht darauf beschränken, was in einem größeren Plan unsere Aufgabe ist. Und das erst recht, wenn wir alleine ackern, ohne Jesus vor uns, mit uns, in uns.

Manfred Lanz gibt in seinem Buch »Leben in der Liebe des Vaters« in dem Kapitel »Der Lebensstil Jesu« einen Schlüssel zum richtigen Verständnis der Nachfolge und Nachahmung: »So zu werden wie Jesus heißt nicht in erster Linie, dasselbe zu tun, was Jesus tat, sondern aus derselben Quelle zu leben wie er. Seine Quelle war – die Liebe des Vaters.«

Inspiration – Begeisterung

Druckfehler? Noch mal dieselbe Überschrift? Ja und nein. Nicht nur die Idee, die Lehre, die Person begeistert, der Geist selbst wirkt in uns. Das ist nicht selbstverständlich. Ich glaube, dass die Christenheit die Pfingstbewegung und die Charismatische Bewegung gebraucht hat und braucht. Mir geht es nicht um die Theorie, um die Theologie. Mag sein, dass uns der Heilige Geist mit der Bekehrung oder Taufe oder Lebensübergabe geschenkt ist. Mag sein, dass ein besonderes Ereignis oder Gebet notwendig oder sinnvoll sind, damit der Heilige Geist in uns, auf uns, über uns kommt.

Der Heilige Geist ist der Spirit(us), der Sprit, die Tankfüllung.

Mir geht es darum, dass wir lernen, aus der Kraft des Heiligen Geistes zu leben. Das ist kein Automatismus. Wir haben immer wieder die Wahl, wir müssen immer wieder gefüllt werden. Deshalb interessiert es mich nicht so sehr, wie es mit dem Heiligen Geist losgeht, sondern wie es weitergeht! Wie wir täglich geführt, gefüllt und entlastet werden können. Das ist mein letzter Punkt gegen eine falsch verstandene Moral und für Inspiration: Lass dich mit dem Heiligen Geist füllen! Er ist der *Spirit(us)*, der Sprit, die Tankfüllung.

Bei der Taufe Jesu kommt der Heilige Geist in Form einer Taube auf Jesus herab, während er die lebenswichtige Botschaft vom Vater hört: »Du bist mein geliebter Sohn, an dir habe ich Freude.« Das brauchen wir auch, ständig! Ich habe es schon in Kapitel 5 ausgeführt, aber ich muss es wiederholen: Wir müssen gute, aufbauende Worte hören, wir müssen immer wieder hören, wer wir in Wirklichkeit sind, auch gegen alle falschen Stimmen der Abwertung und des Leistungsdenkens. Wir sind es so gewohnt, ständig kritisiert zu werden, dass wir dasselbe von Gott erwarten. Wir können es kaum glauben, wenn wir einfach nur Bestätigung bekommen. Wenn wir aber tiefer verstehen, wer wir in Gottes Augen sind, wenn wir uns ermutigen lassen und seine Zusagen an uns aufnehmen, dann wird viel wie von selbst geschehen.

Die Taube steht dabei für das Himmlische, die Leichtigkeit, für das, was von oben kommt, was wir nicht selbst tun können, die Unschuld, den Frieden.

Wie wäre es, wenn unser Gebet, unsere Stille Zeit, unsere Gottesdienste, unser Glaube mehr so aussehen würden: gute, aufbauende Worte hören, erfüllt werden, inspiriert, begeistert! Zu diesem Taubenverein würde ich gerne gehören!

Das folgende Lied spiegelt den Ausbruch aus dem System der moralischen Religiosität. Schlechtes Gewissen, quälende Fragen, unterdrückte Gefühle – wagen wir es zu sagen, dass wir darauf »keine Lust« haben? Der Gott des Lebens, der versteht und zu mir steht, will *einfach mit mir reden*.

Keine Lust zu beten

Hinter meiner Mauer
Geht's mir heut nicht gut
Woher kommt die Trauer?
Woher all die Wut?

Wie viel kann ich tragen?
Weiß ich, wer ich bin?
Führen meine Fragen
Schließlich zu dir hin?

Vater, du siehst in mich hinein
Mir bleibt nichts, als ehrlich zu sein

Ich hab heut keine Lust zu beten
Können wir nicht einfach reden
Irgendwo, einfach so
Denn ich hab keine Lust zu beten
Doch ich brauch jemand zum Reden
Der versteht, zu mir steht

Mach ich alles richtig?
Tu ich, was ich kann?
Nehm ich mich zu wichtig?
Steh ich meinen Mann?

Es ist schwer zu lieben
Ausharrn in Geduld
Soll ich kämpfen, siegen?
Ist es meine Schuld?

Vater, du siehst in mich hinein
Mir bleibt nichts, als ehrlich zu sein

Ich hab heut keine Lust zu beten
Können wir nicht einfach reden
Irgendwo, einfach so
Denn ich hab keine Lust zu beten
Doch ich brauch jemand zum Reden
Der versteht, zu mir steht

Vater, du siehst in mich hinein
Mir bleibt nichts, als ehrlich zu sein

Ich hab heut keine Lust zu beten

Text und Musik: Albert Frey
© 2010 FREYKLANG adm. by Gerth Medien, Asslar
Auf der CD »Urklang«

WAS IST WAHRHEIT?

Die Wahrheit in Person

Männer der westlichen Welt haben oft einen naturwissenschaftlich geprägten Wahrheitsbegriff: wahr oder unwahr, richtig oder falsch, plus oder minus. Damit bekommt man in vielen Bereichen schnelle und klare Ergebnisse, von der Mathematik bis zur Quizsendung. In vielen anderen Bereichen aber, von zwischenmenschlichen Beziehungen bis zu den ewigen Fragen der Bibel, bringt uns dieser Ansatz nicht weiter. Im Gegenteil: Mit dem zwanghaften Versuch, unsere Welt in Richtig und Falsch, Gut und Böse einzuteilen, haben wir eine Menge Schaden angerichtet, Streit gestiftet, Feindbilder geschaffen, Menschen ausgegrenzt, verteufelt und bekämpft.

Bei verschiedenen Tests oder vor Gericht gibt es ja manchmal diese Anweisung, nur mit Ja oder Nein zu antworten. Ist das nicht ein gutes »objektives« Mittel, die Wahrheit herauszufinden? Oft nicht. Die scheinbare Präzision öffnet in Wirklichkeit der Manipulation Tür und Tor. Jetzt hängt alles von den Fragen ab. Fragt ein gewiefter Anwalt beispielsweise nur nach Nebensächlichkeiten, die den Befragten dumm dastehen lassen, unterlässt aber die entscheidenden entlastenden Fragen, dann wird das Ergebnis offensichtlich verfälscht. Nun haben wir ja vor Gericht Anklage und Verteidigung, die mit dieser Methode wechselseitig die Wahrheit eingrenzen können. Aber in anderen komplexen Situationen, zumal ohne »Verteidigung«, werden wir mit der Ja-Nein-Methode und den falschen Fragen immer falsche Antworten bekommen.

Jesus antwortet fast nie auf die Fragen, die ihm gestellt werden, schon gar nicht mit einem klaren Ja oder Nein. Sollen wir den Besetzern Steuern zahlen oder nicht? Lukas 20,25: »Gebt dem Kaiser, was dem Kaiser gehört, und Gott, was Gott gehört!« Ist der Kranke selbst schuld oder seine Eltern? Johannes 9,3: »Jesus antwortete: Weder … noch …, sondern das Wirken Gottes soll an ihm offenbar werden.« Was wird denn aus meinem Kollegen? Johannes 21,22b: »Was geht das dich an? Du aber folge mir nach!« Ein paar interessante Leute (griechische Pilger, das wäre doch eine tolle Missionschance!) möchten dich sehen, können sie kommen?

Johannes 12,23: »Jesus aber antwortete ihnen: ›Die Stunde ist gekommen, dass der Menschensohn verherrlicht wird.‹«

Es ist zum Verrücktwerden! Hört er nicht richtig zu? Tatsächlich dreht oder formuliert Jesus die Frage oft um, damit wir der Wahrheit näher kommen. Und die Antwort hat dann immer etwas Persönliches. Nicht nur: Was ist richtig, sondern: Was ist wichtig, und zwar für mich! Jetzt schreit unser westliches Denken auf: Aber was ist dann mit der objektiven Wahrheit? Die hat ihre wichtige Bedeutung, aber für sich allein macht sie die Welt zu keinem besseren Ort.

Wahrheit in Person

Der biblisch-hebräische Wahrheitsbegriff ist personaler. Er beinhaltet auch Wahrhaftigkeit und Treue. Er klingt im Deutschen eher als Adjektiv an: die *wahre* Liebe, das *wahre* Leben. Das macht auch aus Gottes Sicht Sinn, der sein Wort nicht nur von der aufgeklärten westlichen Kultur her verstanden haben will. Die weitaus meisten Menschen zu fast allen Zeiten waren und sind nicht so sehr von einem theoretischen, abstrakten Denken geprägt. Die Wahrheit ist für sie mit Menschen, Geschichten, Bildern – mit dem Leben verknüpft.

Jesus bezeichnet sich selbst als *die* Wahrheit.

Statt mit zwei Polen (Modell 1) könnte man hier Wahrheit eher als Mittelpunkt eines Kreises darstellen (Modell 2). In der Mitte sind wir der Wahrheit am nächsten, wir sind im Zentrum, an der entscheidenden Stelle, wir stellen die richtigen Fragen. Zum Rand hin wird es einseitig, die Balance fehlt. Wir beißen uns in einem Randbereich fest und sehen nicht mehr die gegenüberliegende Seite, die uns helfen würde, wieder die Mitte zu finden. Und ich kann sowohl rechts als auch links so weit außerhalb des Kreises sein, dass mein Standpunkt falsch wird, zerstörerisch und blind für alles andere. Das sehen wir in der Politik beim Extremismus. Das sehen wir, wenn Mann und Frau, Jung und Alt, Arbeitgeber und Arbeitnehmer, Konservative und Progressive nicht mehr die Mitte finden, sondern nur noch auf ihrem Standpunkt beharren.

Jesus geht noch weiter. Er bezeichnet sich selbst als *die* Wahrheit (Johannes 14,6). Er ist ganz in der Mitte, ganz in der Balance, vollkommen wahrhaftig und treu. Damit haben wir als Christen ein wunderbares

Kriterium für die Wahrheit in den wirklich wichtigen Fragen: Passt meine Antwort zu Jesus? Würde er das auch sagen, tun oder lassen? Sieht es ihm ähnlich? Vor Pilatus sagt er: »Ich bin dazu geboren und dazu in die Welt gekommen, dass ich für die Wahrheit Zeugnis ablege. Jeder, der aus der Wahrheit ist, hört auf meine Stimme« (Johannes 18,37). Pilatus stellt daraufhin die interessante Frage: Was ist Wahrheit? Er konnte die Antwort nicht erkennen, obwohl sie vor ihm stand.

Modell 1

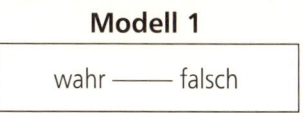

Modell 2

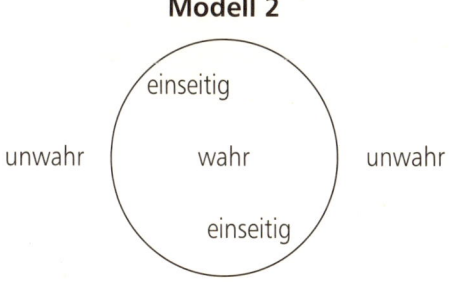

Paradoxe Wahrheit

Viele große Fragen der Menschheit lassen sich überhaupt nicht mit dem Wahr-Falsch-Modell beantworten.

Ist das Schicksal des Einzelnen vorherbestimmt oder entscheiden wir mit unserem freien Willen darüber?

Ist das Herz des Menschen gut oder böse?

Ist Jesus Mensch oder Gott?

Ist Gott vollkommen gerecht oder vollkommen gnädig?

Diese Fragen führen uns in ein Paradoxon, in einen scheinbaren Widerspruch. Das ist aber nicht ein Problem, das wir theologisch irgendwie hinbiegen müssen, damit wir nicht als unwissende Idioten dastehen.

Es muss so sein! Unser Denken ist zu klein für die letzten Fragen. »Si comprehendis, non est Deus«: »Was immer du begreifst, kann – ebendeswegen – nicht Gott sein.« Schon der Kirchenvater Augustinus stellt klar, dass wir mit unserem begrenztem Verstand Gott nicht »begreifen« können.

Manche führen hier als Vorstellungshilfe eine weitere Dimension an, sozusagen die vierte (oder fünfte) Dimension Gottes. Wir können nur abwechselnd die eine oder andere Seite der Medaille sehen, aber sie gehören beide zusammen!

Das ist das Geheimnis der göttlichen Wahrheit. An einem gewissen Punkt gilt es nicht mehr zu *verstehen*, sondern zu *erkennen*, nicht mehr zu *diskutieren*, sondern *anzubeten*.

Selbst das Kreismodell ist also unzureichend. Gottes Wesen liegt nicht auf halbem Wege zwischen Gerechtigkeit und Gnade, er ist beides vollkommen.

Diskussionen

Wir Männer diskutieren gerne. Und wir haben gerne recht. Damit verschwenden wir aber nicht nur manchmal wertvolle Zeit, sondern wir tragen Streit in unsere Freundschaften, Familien, Kirchen und in die Politik. Deshalb sollten wir vor einer Diskussion immer erst prüfen, ob wir die richtigen Fragen stellen. Ist mir das wirklich wichtig? Ist es wichtig, dass wir uns einig werden? Können wir alle etwas daraus lernen?

Und dann müssen wir herausfinden, ob es um eine Ja-Nein-Frage geht oder um eine Frage, deren Antwort eingekreist werden muss. Wenn es darum geht, ob es den neuen Audi auch mit 6 Zylindern gibt, dann hat einer recht und einer unrecht, so einfach ist das.

Für komplexere Fragen gibt es den sogenannten *dialektischen Dreischritt* nach Hegel. Zu einer *These* wird eine *Antithese* aufgestellt. Man geht davon aus, dass beide etwas Wahrheit enthalten. Man trifft sich aber nicht einfach in der Mitte wie auf dem Basar, sondern sucht die Synthese, das heißt eine Wahrheit, die die richtigen Anteile beider Extreme enthält und somit mehr ist als nur ein Kompromiss. Dieses Modell versuchen wir in unserer säkularisierten westlichen Gesellschaft in Politik und Justiz anzuwenden. Oft finden wir zwar in der Realität doch keine

Synthese, sondern nur einen unbefriedigenden Kompromiss. Oft ist es sogar ein fauler Kompromiss zugunsten dessen, der am lautesten schreit oder am cleversten argumentiert.

Die meisten politischen Diskussionssendungen im Fernsehen machen mich krank. Ich kann es kaum aushalten. Keiner lässt den anderen ausreden, jeder versucht sich zu behaupten wie eine Herde Gorillas, die herausfinden wollen, wer der Stärkste ist. Wo gibt es ein interessiertes Zuhören, wo gibt einer zu erkennen, dass er seine Meinung im Laufe der Diskussion geändert hat? Das System erlaubt das gar nicht. Er würde nur als Verlierer dastehen.

Nun sind unsere demokratischen Versuche, die Wahrheit zwischen zwei Positionen herauszufinden, immerhin besser als Fundamentalismus und Extremismus, der komplett danebenliegen kann und dabei keinerlei Korrektur mehr erfährt.

Das dialektische Modell bringt uns dem Kreismodell etwas näher. Aber es gibt ein Problem, das am Ende immer auftaucht, wenn wir Gott ausklammern. Es könnte ja sein, dass meine These schon genau die Mitte trifft, die Antithese dagegen weit draußen liegt – oder umgekehrt. Dann würde mich die Synthese nur aus der Mitte herausziehen. Wieder bestimmen die Fragen die Antwort.

Wir brauchen also letztlich einen absoluten Maßstab, und den gibt uns Jesus als Zuspitzung der biblischen Weisheit und Offenbarung, als Wahrheit in Person. Ich nenne hier als Maßstab bewusst nicht »die Bibel«, denn mit einzelnen Bibelstellen kann man so ziemlich alles beweisen oder widerlegen. Das erleben wir leider ständig. Wir müssen schauen, worauf die Bibel als Ganzes zielt, und das finden wir am klarsten bei Jesus. Er ist das »Wort Gottes« in Person.

Das erschließt sich nicht, wenn wir uns Jesus mit wissenschaftlicher Distanz nähern. Dieser Ansatz mag auch sinnvoll sein, aber die personale Wahrheit finden wir nur, wenn wir uns auf eine persönliche Beziehung mit ihm einlassen. Wie viel mehr interessante und Leben spendende Diskussionen, wie viel mehr Weisheit könnten wir haben, wenn wir so unser Denken von ihm prägen und erneuern lassen! Ich liebe *gute* Diskussionen. Etwas voneinander zu lernen und gemeinsam Neues zu entdecken ist doch viel interessanter, als recht zu behalten.

»Die Wahrheit beginnt zu zweit«, heißt ein bekanntes Buch von Michael L. Moeller für das Zwiegespräch von Paaren[9]. Vielleicht gilt das ja nicht nur für Männer und Frauen, sondern auch für Eltern und Kinder, Freunde, Feinde, Konfessionen, Religionen, gesellschaftliche Gruppen, Völker und Nationen.

Wenn mir jemand widerspricht, muss ich nicht reflexartig mit Verteidigung oder Gegenangriff reagieren. Ich kann mich vielmehr fragen: Interessant, warum sieht er das so anders? Was sieht er, was ich bisher nicht gesehen habe? Was will mir Jesus dadurch sagen? Die Antwort ist dabei wirklich offen. Ich kann mutig in der Mitte stehen bleiben oder mich von meiner Randposition wegbewegen und demütig korrigieren lassen.

In jedem Fall hätte unsere Wahrheit dann mehr Liebe. Und das ist doch typisch Jesus, nicht wahr?

König Jesus

Jesus, Weg der Wahrheit, der zum Vater führt
Dein Wort gibt uns Klarheit, trifft und überführt
Licht, das der Welt Dunkel erhellt
So bist nur du, König Jesus

Jesus, guter Hirte, der die Schafe liebt
Der auch das Verirrte nicht verloren gibt
Voller Geduld trotz unsrer Schuld
So bist nur du, König Jesus

Jesus, unser Leben, stärker als der Tod
Du hast dich gegeben als das Himmelsbrot
Kostbarstes Gut, dein Leib und Blut
So bist nur du, König Jesus

Jesus, Herr der Herren in der Himmelswelt
Der die Macht auf Erden fest in Händen hält
Autorität, die ewig steht

So bist nur du, König Jesus
Text und Musik: Albert Frey
© 2006 FREYKLANG adm. by Gerth Medien, Asslar
Auf der CD »Für den König«

15 PERFEKTIONISMUS

Eine Falle für Männer,
die alles richtig machen wollen

Wenn dich deine Hand oder dein Fuß zum Bösen verführt, dann hau sie ab und wirf sie weg! Es ist besser für dich, verstümmelt oder lahm in das Leben zu gelangen, als mit zwei Händen und zwei Füßen in das ewige Feuer geworfen zu werden. Und wenn dich dein Auge zum Bösen verführt, dann reiß es aus und wirf es weg! Es ist besser für dich, einäugig in das Leben zu gelangen, als mit zwei Augen in das Feuer der Hölle geworfen zu werden.

Matthäus 18,8-9

Das ist eines der Jesusworte, das mich immer irritiert, ja geärgert hat. Natürlich kann es nicht wörtlich gemeint sein. Jesus ruft nicht zur Selbstverstümmelung auf. Dennoch dürfen wir es in seiner Radikalität nicht schmälern. Es geht um Verzicht, Bruch, Abbruch, Trennung.

Das Hauptthema dieses Bildwortes ist sicher Versuchung und Sünde. Wir sollen uns radikal trennen von dem, was uns zum Bösen verführt. Mit schlechten Gewohnheiten brechen, falsche Beziehungen abbrechen, aus bösen Verstrickungen ausbrechen. Mir kam jedoch vor einiger Zeit bei einem Spaziergang während »Stiller Tage« eine weitere Deutung in den Sinn, die diese Bibelstelle in einem ganz anderen Licht erscheinen lässt und die zu *meiner* Lebenssituation gesprochen hat. Ich wage es, sie hier weiterzugeben, immer in dem Bewusstsein, dass es wie ein Seitenarm ist, eine Variante, die sicher nicht auf jeden zutrifft. Auf manche – wie mich – aber eben doch.

Verstümmelt und ganz

Was mich aufhorchen ließ, waren die Worte *verstümmelt (ins Leben)* und *ganz (in die Hölle)*. Ist *ganz* nicht gut, heißt das nicht vollständig, vollkommen, heilig? Wollen wir nicht als christliche Männer alles richtig machen?

Auch der Titel dieses Buches spricht vom ganzen Mann. Das will Gott doch. Ganzheitlichkeit ist eines der großen Themen für Andrea und mich. Wir kämpfen darum, zu integrieren statt zu unterdrücken und abzuspalten, im Glauben und im Leben. So haben wir Jesus, so haben wir die Bibel verstanden: Gott will uns ganz und heil, Leben in Fülle. Und jetzt sollen wir abhacken, ausreißen?

Offensichtlich gibt es ein böses, ja ein teuflisches *ganz*, das uns verführt. Ein Zuviel, ein Alles-mitnehmen-, Alles-haben-Wollen. Das hat eher mit Habgier oder Stolz zu tun als mit Unkeuschheit. Für mich heißt diese Versuchung *Perfektionismus*. Das ist der Irrglaube, es müsste wie in der Mathematik alles perfekt sein. Und das ist der rastlose Versuch, diesen perfekten Zustand herzustellen, der natürlich zum Scheitern verurteilt ist. Aber er raubt uns jede Menge Zeit und Kraft und hält uns vom wirklich Wichtigen und Notwendigen ab.

Dann ist die Hölle der Fluch, alles zu wollen, aber nie zu erreichen. Der Fluch des ewigen Vergleichens, die bohrende Frage, ob es nicht noch etwas Besseres gibt. Das Gras, das immer woanders noch grüner erscheint (und deshalb komme ich nie auf grünen Auen zur Ruhe). Das ewige Feuer, das nie aufhört zu brennen.

> Perfektionismus ist eine Selbstgerechtigkeit, die uns vom Leben ausschließt.

Perfektionismus ist der Fluch der Unzufriedenheit, der Fluch der übersteigerten Ansprüche, vor allem an mich selbst. Wen der Teufel nicht von Gott abhalten kann, den lockt er in die Übertreibung, wie schon C.S. Lewis in seiner »Dienstanweisung für einen Unterteufel«[10] feststellte.

Und was ist dagegen das Leben, das Himmelreich? Demut, Bescheidenheit. Leichtigkeit, Zufriedenheit – angesichts der Unvollkommenheit. *Verstümmelt ins Himmelreich* – das ist ein Anti-Slogan, der mir gefällt. Sind wir das nicht alle: unvollständig, verletzt, vernarbt? Die Armen, Nackten und Blinden, die wissen, dass sie Hilfe, Ergänzung, Gnade brauchen. Für die ist das Himmelreich. Jesus ruft die Kranken und die Sünder. Perfektionismus ist eine Selbstgerechtigkeit, die uns vom Leben ausschließt.

Und Perfektionismus ist nicht die *Vollkommenheit* im biblischen Sinne, zu der uns Jesus und Paulus einladen. Die hat tatsächlich mehr mit Ganzheitlichkeit und vor allem mit dem Werk Gottes an uns zu tun. Wir aber hören *vollkommen* schnell auf dem Hintergrund eines westlichen Machbarkeitwahns. Der größere Zusammenhang unserer Bibelstelle sind Worte Jesu über Kinder! Die kindliche Vollkommenheit ist denkbar weit entfernt von Perfektionismus. Das Ganz-da-sein, das Ganz-lebendig-Sein, das Ganz-abhängig-Sein führt in die Gemeinschaft mit Gott und Menschen. Perfektionismus dagegen führt in die Isolation, in die Abgrenzung von anderen, weniger »perfekten« Menschen und letztlich in die Trennung von Gott, den ich nicht brauche, weil ich selber groß und perfekt sein will. Deshalb ist wohl die schlimmste Form der religiöse Perfektionismus, der pharisäische Geist: scheinbar alles für Gott, und doch an ihm vorbei.

Hand und Auge

Die Hand steht für die Versuchung der Macht, des Selber-machen-Wollens, der Beherrschung anderer. Archetypisch gesehen ist es die Versuchung des *Königs*.

Das Auge steht für die Versuchung des Wissens, des scheinbaren Durchblicks, den nur ich habe, der Überheblichkeit der »Klugen und Weisen«, denen Gott das Geheimnis seines Reiches verborgen hat (Lukas 10,21). Diese Falle ist archetypisch für den *Weisen* in uns aufgestellt.

Dabei ist noch anzumerken, dass Stolz und Überheblichkeit wie auch Perfektionismus letztlich im Gefühl der Minderwertigkeit wurzeln. Es sind verzweifelte Versuche, uns selbst einen Wert zu geben, uns wertvoll und wichtig zu fühlen.

Ich habe diese Wortbilder um einige deutende Begriffe erweitert, damit klarer wird, was ich meine:

Wenn dich
Deine Hand, deine Handlung,
Deine Macht, deine Manipulation,
Dein Machbarkeitswahn, dein Stolz

Dein Auge, deine Augenlust,
Deine Erkenntnis, dein Wissen
Deine Maßlosigkeit, deine Überheblichkeit

Zum Bösen verführen, dann
Hack sie ab, reiß sie aus,
Trenne dich, setze einen Schlusspunkt,
Löse dich, verzichte.

Es ist besser
Verstümmelt, einäugig
Unvollkommen, einseitig
Arm

Ins Leben, ins Himmelreich
In die Gemeinschaft mit Gott und Menschen
In die Zufriedenheit

Zu kommen, als ganz
In die Hölle, in das ewige Feuer
In die Einsamkeit, in die Isolation
In die Unzufriedenheit

Abhacken und ausreißen

Nun rät uns ja Jesus: hacke ab, reiß aus! Was heißt das dann in dieser Deutung – über das Vermeiden der offensichtlichen Versuchungen zur Sünde hinaus?

Zunächst müssen wir den eigenen Anspruch ausreißen, unsere perfektionistische Grundhaltung. Das ist ein hartnäckiges Unkraut. Es kommt immer wieder. Es wurde schon früh in unserer Kindheit gesät, als Höchstleistungen erwartet wurden, als nur perfekte Ergebnisse belohnt wurden, als an uns der Vergleichsmaßstab der ewig Besseren angelegt wurde. Sauber, ordentlich, artig. Der Erste, der Beste, volle Punktzahl.

Leistung ist etwas Gutes, ja eine der größten Stärken der christlichen Kultur. Wir glauben an das Potenzial in uns zur Veränderung und Verbesserung statt an das unabänderliche Schicksal. Das Problem ist der Maßstab. Ich kann nicht immer der Erste sein, das Beste erreichen. Das wäre eine ungnädige Siegerkultur, die einen zum Gewinner und alle anderen zu Verlierern macht (und diese lebensfeindliche Kultur begegnet uns überall in unserer Gesellschaft).

Aber ich kann *mein* Bestes geben, mich darüber freuen, dass ich mit meinen Möglichkeiten einen Fortschritt erreicht habe. Das Unmögliche muss ich ausreißen. Es ist eine diabolische Qual, eine Peitsche, die mich ständig antreibt, ein Joch, das immer drückt und alle Zufriedenheit und Dankbarkeit verhindert.

Aber es muss noch konkreter werden. Was treibt mich? Termine, Projekte, Abhängigkeitsbeziehungen, Konkurrenzsituationen? Was kann ich, was muss ich streichen, absagen, abbrechen? Ein radikaler Schnitt tut manchmal gut. Jesus ist nicht nur der Versöhner, der Friedensbringer. In mancher Hinsicht bringt er das Schwert, das zwischen Wahrheit und Lüge, Göttlichem und Teuflischem trennt. Er ist der Arzt, der das Skalpell ansetzt und den Tumor herausschneidet, bevor der ganze Organismus davon befallen wird. Oder der Arzt – um zu unserer Bibelstelle zurückzukehren –, der ein Körperteil amputiert, um den Patienten zu retten.

Bei Jesus können wir uns den Mut zur Radikalität holen. Wenn uns selbst das Gespür fehlt, wann Schluss ist, was zu viel ist, dann sollten wir ihn fragen und die heilige Unterbrechung unserer endlosen Jagd suchen.

Ein radikaler Schnitt tut manchmal gut.

Wieso muss überhaupt alles wachsen? Das Einkommen, der Einfluss, die Einsicht? Die Gemeinde, der Bizeps, das Bruttosozialprodukt? Warum nicht weniger arbeiten, weniger verdienen, mit weiniger zufrieden sein, in ein kleineres Haus umziehen, Ballast abwerfen? Ich weiß, das ist wahnsinnig schwer. Alles in uns und alles um uns schreit das Gegenteil.

Das Ende finden

Für mich liegt eine der großen Herausforderungen im kreativen Prozess. Ob ich schreibe, komponiere, arrangiere, aufnehme oder abmische – ich bin immer gefordert, den Punkt zu finden, an dem ich etwas abschließe. Das Problem ist: Es ist noch nicht perfekt. Es ist nie perfekt. Ich könnte immer noch mehr Zeit und Kraft investieren, aber irgendwann stimmt das Verhältnis zwischen Aufwand und Ergebnis nicht mehr.

Ergebuis

(Diagramm: gekrümmte Kurve, die von unten links steil ansteigt und nach rechts flacher wird, mit Y-Achse "Ergebuis" und X-Achse "Aufwand")

→ Aufwand

Ich stelle mir dieses Verhältnis als liegende Parabel im Koordinatensystem vor. Zunächst habe ich mit wenig Aufwand viel Ergebnis, die Kurve steigt schnell. Doch sie wird immer flacher. Es ist trotzdem sinnvoll, den Aufwand noch eine Weile weiter zu treiben, ich will ja ein möglichst hohes Ergebnis. Aber die Kurve nähert sich einer Geraden an. Ich kann endlos weiter investieren, es wird kaum noch besser. Ich beiße mich fest und verliere das Koordinatensystem aus den Augen. Meine Kraft und Zeit sind endlich. Es gehört zur Demut des Geschöpfes, diesen Schlusspunkt zu setzen, bevor ich mich und andere zum Wahnsinn gebracht habe. Es ist nicht perfekt, aber es genügt. Es tut, was es soll. Gott allein ist vollkommen.

Wenn wir das Ende nicht finden, bleiben Lieder und Bücher ungeschrieben, ewige Manuskripte. Unternehmungen und Veränderungen werden aufgeschoben und nicht angegangen, weil wir uns immer noch nicht bereit fühlen. Leibliche und geistige Kinder werden nicht geboren, weil noch nicht alles passt. Wir sind gebunden in endlosen Hobbys und maßlosen Jobs.

Welche Befreiung liegt darin, dass wir nicht alles können, haben, erreichen müssen! Wir bringen einfach unseren bescheidenen Beitrag. Ist das nicht auch eine frohe Botschaft für alle, die offensichtlich eingeschränkt sind? Die chronisch Kranken, die Behinderten, die Einseitigen und Einfältigen. Sind wir das nicht alle? Der eine mehr, der andere weniger, aber das sind nur graduelle, keine substanziellen Unterschiede. Verstümmelt ins Himmelreich – das ist eine frohe Botschaft für alle Perfektionisten wie mich.

Ein schöner Schlusssatz. Aber habe ich schon alles bedacht? Habe ich alle wichtigen Aspekte beleuchtet? Und macht das überhaupt Sinn, was ich geschrieben habe? Habe ich Plattitüden verbreitet, geistiges Eigentum anderer geklaut, bin ich Zirkelschlüssen aufgesessen? Mache ich mich theologisch, wissenschaftlich oder persönlich angreifbar? Müsste ich nicht alles überarbeiten, mehr recherchieren, mich absichern?

Ich muss – halt, ich muss nicht. Das war es, was ich zu sagen hatte. Ich gehe jetzt schwimmen!

Es ist vollbracht

Wenn mich falscher Ehrgeiz treibt
Keine Zeit zum Atmen bleibt
Wenn ich was beweisen will
Alles sein will, nur nicht still

Wenn ich nachts nicht Ruhe find
Meine Träume Ängste sind
Wenn der Zweifel an mir nagt
Und mein Herz sich selbst verklagt

Dann zeig mir, wer ich bin
Als Geliebter, als dein Kind
Mach mich frei durch dein Wort
Jag die bösen Geister fort

Es ist vollbracht, du hast mich erlöst und
Neu gemacht, deine Gnade hat mir
Heil gebracht, es ist vollbracht

Wenn der Neid mich fast zerfrisst
Weil ein andrer besser ist
Wenn Anteil mir nicht reicht
Meine Habgier mich vergleicht

Wenn ich mich nicht leiden kann
Und nur träum von irgendwann
Wenn mein Stolz zu sterben meint
Fremdes Gras viel grüner scheint

Dann zeig mir, wer ich bin
Als Geliebter, als dein Kind
Mach mich frei durch dein Wort
Jag die bösen Geister fort

Es ist vollbracht, du hast mich erlöst und
Neu gemacht, deine Gnade hat mir
Heil gebracht, es ist vollbracht

Text und Musik: Albert Frey
© 2005 FREYKLANG adm. by Gerth Medien, Asslar
Auf der CD »Für den König«

16 NAIVITÄT UND EINFALT

Die zweite Einfachheit

Naivität ist gefährlich

Naivität begegnet mir überall. Im Glauben, in der Kunst und Musik, in den Massenmedien und auch in der Männerarbeit. Ich selbst habe mich schon recht früh von einem naiven Denken verabschiedet. Mir wurde beigebracht, die Dinge kritisch zu hinterfragen, eine Sache von mehreren Seiten zu betrachten. Ich halte Naivität für gefährlich. Sie macht Menschen leicht manipulierbar. Sie reduziert die Wirklichkeit unzulässig, sodass Menschen in einer engen Sicht und in einer kleinen Welt gefangen bleiben. Naivität finde ich in der »Bild«-Zeitung, auf Privatsendern, in der Pop-Kultur und im Wahlkampf.

Und leider auch bei uns Christen. Ich habe miterlebt, wie erwachsene Menschen in Versammlungen wie im Kindergarten behandelt wurden. Ich habe erlebt, wie Kindern eine bunte Welt schwarz-weiß vor Augen gemalt wurde, gut und böse, gehorsam und ungehorsam, gläubig und ungläubig, Jesus und Satan. Ich habe miterlebt, wie kindlich Gläubigen die Erweckung vorausgesagt wurde, die dann nicht eintrat, wie Heilung versprochen wurde, die dann nicht erfolgte. Ich habe erlebt, wie naive Menschen versucht haben, den Glauben aus sich selbst zu beweisen, durch einen sogenannten Zirkelschluss: »Die Bibel ist Gottes Wort, denn es steht geschrieben: Alle Schrift ist von Gott eingegeben.« Das funktioniert auch dann nicht, wenn man ein paar Stationen mehr in der Beweiskette einbaut. Naivität ist also ein Zustand, von dem wir uns selbst und die Christenheit möglichst bald befreien sollten, oder?

Naivität ist wunderbar

Aber so einfach ist es nicht. Es wäre naiv, das zu glauben! Naivität kann uns beglücken und beschämen. In den besten Momenten unseres Lebens ist alles erstaunlich einfach. »Wenn ihr nicht werdet, wie die Kinder …«. Jesus fordert uns auf, den Standpunkt eines naiven Kindes einzunehmen, um das Geheimnis seines Reiches zu erfassen. Ich bewundere den festen

Glauben von naiven Menschen. Ich beneide sie um die Wunder und Gebetserhörungen, die sie viel öfter als ich erleben. Ihnen ist die Sicht auf Gott und sein Wirken nicht durch tausend Nebengedanken verstellt.

Aber »wie kann ich denn in den Schoß meiner Mutter zurückkehren?«, möchten wir mit Nikodemus fragen. Wie kann ich wieder so kindlich glauben wie am Anfang, so ungeteilt in der Gegenwart Gottes leben, mich so vorbehaltlos freuen? Die meisten von uns haben das Paradies der Naivität verlassen und sind nun irgendwo auf dem steinigen Feld der Komplexität.

Und für die meisten von uns muss das wohl auch so kommen. Aber muss es so bleiben? Ich fürchte, dass mein komplexes Denken mir mein Vertrauen, meine Lebensqualität raubt. Dass ich arrogant und zynisch werde. Dass ich anderen Menschen auch noch das nehme, woran sie sich halten und freuen.

Jenseits der Komplexität

Ich sehne mich nach einer Einfachheit, die jenseits der Komplexität liegt. Der Ort, an dem sich die Nebel lichten, die Fäden entwirren, der Moment, in dem alles klar und nur noch eines wichtig wird. Das habe ich immer wieder ansatzweise erlebt. Aber ich bin überzeugt, dass es kein Weg zurück ist, sondern einer nach vorn.

Naivität kann uns beglücken und beschämen.

Ich hatte in meinem Studium das Vergnügen, mich durch die höhere Mathematik zu quälen. Es kann einen verrückt machen, wenn der Versuch, eine Gleichung aufzulösen, sie erst einmal komplizierter macht. Wenn die Rechnungen sich über mehrere Seiten hinziehen. Wenn äußerste Konzentration gefordert ist, weil ein kleiner Fehler aus Unachtsamkeit die Lösung unmöglich macht. Wenn ich aber richtig gerechnet habe, wird die Gleichung plötzlich wieder einfacher, ich kann vieles rechts und links streichen, auflösen. Und dann kommt der herrliche Moment, in dem plötzlich eine ganz einfache Lösung am Ende steht. Gerade die Einfachheit der Lösung beweist mir, dass ich richtig gerechnet habe. Aber der Weg war nötig. Ich hätte auch die Lösung von meinem Nachbarn abschreiben können, aber dann hätte ich nie gewusst, wieso sie stimmt. Ich hätte auch eine Lösung vermuten können, aber dann wäre ich mir nie sicher gewesen.

Wenn die Naivität die erste Phase ist und Komplexität die zweite, dann ist die Einfalt die dritte. Sie ähnelt der ersten, aber wir kommen nur durch die zweite Phase des Wissens, des Zweifelns und Abwägens zu jenem Zustand, den man Weisheit nennt. Die Weisheit beinhaltet die Argumente der komplexen Reise, aber sie kann sie vom Ende her richtig einordnen und auf das wirklich Wichtige zielen.

In der dritten Phase kann ich Menschen in der ersten und zweiten verstehen und muss sie nicht verurteilen. Die dritte Phase ist dabei nicht der völlige Durchblick, das umfassende Wissen. Das bleibt uns ohnehin verwehrt. Sie ist ein neues Vertrauen auf das Wahre und Gute, das letztlich ohne Gott keinen Sinn macht.

Das liebe Geld

Ein Beispiel: Jesus spricht ja erstaunlich viel über Geld. Wenn er vor den Verstrickungen des Reichtums oder der Sorge um das Äußere warnt, hat man einen typischen Vertreter der zweiten Phase vor Augen. Kinder müssen sich noch um nichts kümmern. Aber Erwachsene sehr wohl.

Stellen wir uns einen Mann vor, der mit einem Bier in der Hand auf dem Sofa hängt und seiner besorgten Frau sagt, sie solle sich keine Gedanken wegen der unbezahlten Rechnungen machen – das kann Jesus wohl nicht gemeint haben. Er kann auch nicht gemeint haben, dass wir wieder in die Phase des Versorgtwerdens auf Kosten anderer zurückfallen sollen. Aber wie schnell schlägt gute Haushalterschaft in falsche Sicherheit um. Wo ist die Grenze?

Wenn wir uns aber vor Augen malen, was für eine undurchschaubare, verlogene und ungerechte Welt die Gier nach Reichtum bis heute geschaffen hat, verstehen wir, was Jesus schon vor 2000 Jahren hat kommen sehen. Er ruft erstens dazu auf, dem Geld nicht so viel Wert beizumessen. Andere Prioritäten zu setzen. Die inneren Werte, die für kein Geld der Welt gekauft werden können, hoch zu schätzen. Und damit uns das gelingt, ruft er uns dazu auf, weniger zu besitzen. Zu teilen, etwas wegzugeben. Mit weniger zufrieden zu sein. Erschreckend konkret und einfach, oder? Da bleiben wir lieber noch ein wenig in Phase zwei und diskutieren, ob und wie sich die Worte Jesu in unsere heutige Zeit übertragen lassen.

Phase drei wäre aber ein freier, unabhängiger Mensch, der – wie Paulus – mit Reichtum und Armut zurechtkommt. Einer, der großzügig geben und demütig nehmen kann. Einer, der Gott in allen Umständen vertraut. Zu schön, um wahr zu sein? Dann sind wir wohl leider noch nicht in Phase drei.

Klatsch und Tratsch

Ein weiteres Beispiel: Naive Menschen sind anfällig für die Verherrlichung oder Verteufelung von Menschen, für Lobhudelei oder üble Nachrede. Das passiert bei Politikern, Prominenten und leider auch geistlichen Leitern. Erst kommt der Aufstieg zum Superstar, dann der tiefe Fall. Es ist fast ein Gesetz. Wer zu weit hochgejubelt wurde, den müssen wir wieder herunterholen. Damit kann man Zeitungen verkaufen, Menschen vor den Fernseher locken, Persönlichkeiten zerstören und Gemeinden spalten.

Der komplex Denkende wehrt sich: Moment, so einfach ist es nicht. Jeder von uns hat Licht und Schatten. Und sei nicht so leichtgläubig. Vielleicht gibt es andere Interessen, jemanden zu verherrlichen oder zu verurteilen. Aber was ist die Wahrheit? Ist das Positive manipuliert, werden wir getäuscht? Ist das Negative erfunden, wird da jemandem etwas angehängt? Ich verfolge gerne mit Spannung und zugleich Frustration schwierige Gerichtsverhandlungen. Gerichte können nur das Gesetz anwenden, aber oft genug nicht herausfinden, was wirklich geschah. Es wird Recht gesprochen, aber keine Gerechtigkeit hergestellt.

> Wenn ich jemanden verurteile, spreche ich auch das Urteil über mich selbst.

Die Phase der Komplexität macht uns verrückt. Die Gefahr ist groß, gar nichts mehr zu glauben, das Schlimmste anzunehmen.

Wie kann uns die dritte Phase zu einer einfachen Wahrheit führen? Zum Beispiel, indem sie Wahrheit nicht da draußen sucht, sondern in mir selbst. Wir alle sind Sünder. Dieser Mensch mag einen Fehler gemacht haben. Wenn ich ihn aber verurteile, spreche ich auch das Urteil über mich selbst.

Die Sängerin Britney Spears hat diesen Aufstieg und Fall wie kaum jemand sonst miterlebt. Erst kam die naive Bewunderung eines naiven Mädchens. Dann kam Phase zwei. Sie war nicht mehr naiv, sondern berechnend, die Menschen in ihrer Umgebung und die Medien haben sie erst ausgenutzt, dann entzaubert. Nachdem ihre Karriere, ihre Beziehungen und ihre Persönlichkeit zerbrochen waren, hat sich die Häme vieler Menschen gnadenlos über sie ergossen. Auch die Christen konnten sich bestätigt fühlen. Das gesunde Maß, die christlichen Werte, Gottes Gebot wurden überschritten. Nun kam die Quittung. Man erntet, was man sät.

Der christliche Musiker Bebo Norman hat anders reagiert. In seinem bewegenden Song »Britney I'm sorry« entschuldigt er sich stellvertretend bei ihr für alles, was ihr angetan wurde. »Wir haben die Schönheit verkauft und das Mädchen zerstört.« Er singt von der Liebe, die letztlich Gott für sie hat. Das ist nicht die blinde Bewunderung, sondern die erbarmende Liebe zu den Zerbrochenen. »Love is coming back for you«, heißt es im Chorus. Wir wissen nicht, ob dieses Lied und diese Liebe bei ihr ankamen (ihr Comeback lässt befürchten, dass das Spiel weitergeht). Aber aus diesen Zielen klingt für mich die einfache Wahrheit und Weisheit der dritten Phase. Die »You Tube«-Kommentare zeigen es: »Dieser Song spricht die Wahrheit, auch ich bin ein Sünder.«

Bekehrung

Noch ein ganz anderes Beispiel: die Neubekehrten! Egal, ob eine Bekehrung in ein ohnehin naives Lebensalter fällt, oder ob wir dadurch zu einer neuen Einfachheit in Bezug auf den Glauben finden, es ist ein wunderbares Geschehen. Ein frisch Bekehrter weiß es einfach, er spürt die Wahrheit in seinem Herzen, dass es Gott gibt und dass Gott ihn liebt. Ein kindlicher Glaube lässt die Welt in einem neuen Licht erstrahlen und trägt durch dunkle Stunden.

Aber den wenigsten ist es vergönnt, dort zu bleiben. Die Zweifel und Rückschläge kommen. Gott sorgt anscheinend nicht für alles, sonst wäre dieses nicht passiert, sonst würde es mir wegen jenem jetzt nicht so gehen. Jetzt gibt es zwei Möglichkeiten. Wenn unser nicht mehr ganz frisch Bekehrter in seiner Familie oder seiner Gemeinde oder in sich selbst ein sehr rigoroses Schwarz-Weiß-System hat, kann er diese Zweifel nicht zulassen. Er muss die Wirklichkeit umdeuten, um sie in Übereinstimmung mit seinem naiven Glauben zu bringen. Es ist nicht wahr, was nicht wahr sein darf. Das ist aber nicht mehr die kindliche Naivität, sondern eine gefährliche. Sie macht krank und bringt kranke Glaubenssysteme hervor.

Die andere Abzweigung ist auch nicht viel verlockender. »Losing my Religion« sangen REM. Vielleicht nicht abrupt, aber viele haben ihren Glauben nach und nach wieder verloren. Er wurde erstickt von den Sorgen der Welt, wie es Jesus so treffend im Gleichnis von den verschiedenen Ackerböden beschreibt. Vielleicht glauben wir jetzt intellektueller, differenzierter. Leider heißt das aber oft, dass wir Gott nichts mehr zutrauen, nicht mehr mit ihm rechnen.

Es liegt also viel daran, dass wir zur Phase drei durchdringen! Ein neues Vertrauen zu Gott im vollen Bewusstsein der Gegenkräfte. Eine Gewissheit jenseits der Zweifel.

Post-Charismatiker

Ich glaube, dass auch die charismatische Bewegung – wie vielleicht viele andere geistliche Aufbrüche – diese Phasen durchmacht. Die Naivität des Anfangs ist noch an vielen Orten, in Liedern und Büchern zu spüren. Aber es gibt eine wachsende Zahl von »Post-Charismatikern«, die im Rückblick gar nicht mehr so begeistert sind. Dabei schwankt die Ausprägung von »Fragen stellen statt vorschnell Antworten geben« bis zur Distanzierung von der eigenen scheinbar fundamentalistischen Vergangenheit.

Es gibt die »gemäßigten Charismatiker«, die bestenfalls einen guten Weg durch den Dschungel von Phase zwei suchen und schlimmstenfalls das Gotteserlebnis in Kopf, Theorie und Bücher wegsperren.

Wie aber wäre ein Charismatiker der Phase drei? Er könnte voller Glauben für Kranke beten, obwohl er es oft erlebt hat, dass Gott keine Spontanheilung geschenkt hat. Er könnte einfach von der Liebe Gottes sprechen, ohne naiv zu sein. Diese Entwicklung wünsche ich mir für mich selbst und für die charismatische Bewegung.

Heilige Einfalt

Wir sollten also das naive Kind nicht mit dem Bade ausschütten, wenn die Phase zwei kommt. Sie wird und sie muss kommen. Aber die vielfältigen Blickwinkel der Komplexität zeigen uns noch nicht die ganze

Wahrheit. In jeder »Falte« steckt ein Teil davon – aber wie passt alles zusammen, wie legen wir alles in eine Falte?

Vielleicht ist das ja die *Heilige Einfalt*, nach der sich große Männer und Frauen des Glaubens ausgestreckt haben. Nicht die beengte Sicht, weil ich in meiner Beschränkung nicht anders kann, sondern der konzentrierte Blick auf das Wesentliche, der sich bewusst entscheidet, die »Welt« auszublenden.

Diese dritte Phase mag der ersten, von außen betrachtet, erstaunlich ähneln. Aber jeder, der etwas näher kommt, wird den Unterschied spüren. Sie ist klar, aber nicht eng. Kindlich, aber nicht kindisch.

Die »Vaterbewegung« wird von vielen nicht verstanden oder diffamiert. Sie finden es lächerlich oder gefährlich, kindlich von Gott zu denken und zu reden, herumzuhüpfen oder sich symbolisch in eine Decke einzukuscheln. Tatsächlich glaube ich, dass hier viele aus der zweiten Phase heraus die dritte nicht erkennen. Und selbst wenn wir es mit einer Mischung aus Naivität aus Phase eins und Einfalt aus Phase drei zu tun haben – alles hat seinen Platz, seine Berechtigung.

Wichtig ist, dass wir weder die Naiven noch die Komplexen verurteilen und künstlich und vorschnell aus ihrem Zustand in den nächsten befördern wollen.

In der Tat befürchte ich, dass ich – indem ich diese Zeilen schreibe – genau das tue. Ich bin in vielerlei Hinsicht in der zweiten Phase. Ich sehne mich nach der dritten, aber ich kann den Prozess weder für mich noch für meine Leser beschleunigen. Es besteht sogar die Gefahr, dass eine Abkürzung zu einer Täuschung führt, einer falschen Weisheit, die nur altklug und angelernt ist. Aber wenn wir mitten in den Widersprüchen sind, ist es gut zu ahnen, dass es dahinter weitergeht, dass der Weg wieder weiter wird, dass wir am Ende von unserer Reise zurückkehren dürfen und der Kreis sich schließt.

Männer lernen

Was hat das alles mit Männern zu tun? Eigentlich nichts, aber ich vermute, dass Männer tendenziell schnell in die zweite Phase kommen und spät oder nie die dritte erreichen. Wir neigen dazu, unser Wissen um die komplexen Zusammenhänge absolut zu setzen. Wir belächeln oft Naivität oder schätzen sie gering. Es gibt eine männliche Überheblichkeit gegenüber Frauen und Kindern, die längst nichts mehr mit einem Bildungsvorsprung zu tun hat. Auch gegenüber naiven Männern fühlen wir uns gerne überlegen. Abgesehen davon, dass das keine christliche Haltung zeigt, ist es auch dumm. Wer weiß, ob mein Gegenüber nicht – wie angenommen – in Phase eins ist, sondern bereits in Phase drei? Gerade bei älteren Frauen kann uns das passieren. Wir denken vielleicht, sie seien nie über ihre kleine Welt hinausgekommen. Aber auch sie haben möglicherweise eine Reise gemacht, die zur Weisheit geführt hat. Auch wenn oder gerade weil die zweite Phase weniger ausgeprägt war.

Aber selbst wenn wir es mit reiner Naivität zu tun haben, gibt es immer etwas zu lernen. Die erste Phase ist wichtig und wertvoll, auch wenn viele von uns nicht ewig darin verweilen können. Wir sollten erschrecken, wenn Jesus sagt: »Wer einen von diesen Kleinen, die an mich glauben, zum Bösen verführt, für den wäre es besser, wenn er mit einem Mühlstein um den Hals ins Meer geworfen würde« (Markus 9,42).

Bevor wir also anderen den Splitter der Naivität aus den Augen ziehen wollen, sollten wir uns mit den Balken beschäftigen, die unsere Sicht vernageln. Am Ende ist alles einfach.

Psalm 131

Herr, mein Herz ist nicht stolz
Kein Hochmut in meinen Augen
Ich schaue nicht auf andere herab

Herr, mein Herz ist nicht stolz
Ich greife nicht nach den Sternen
Ich maße mir nicht an, alles zu verstehn

Ich ließ meine Seele
Ruhig werden in mir
Wie ein Kind bei der Mutter
Ist meine Seele still bei dir

Herr, ich traue, ich traue auf dich
Herr, ich hoffe, ich hoffe auf dich
Herr, ich warte, ich warte auf dich

Text (nach Psalm 131) und Musik: Albert Frey
© 1999 D&D Medien, Grünkraut
Auf der CD »Nichts will ich mehr«

Männer und Arbeit

Fluch und Segen

Gott spricht zu Adam: so ist verflucht der Ackerboden deinetwegen. Unter Mühsal wirst du von ihm essen alle Tage deines Lebens.

1. Mose 3,17b

Und sie begannen, ein fröhliches Fest zu feiern. Sein älterer Sohn war unterdessen auf dem Feld.

Lukas 15,24b-25a

Ich kenne deine Werke und deine Mühe und dein Ausharren. Ich werfe dir aber vor, dass du deine erste Liebe verlassen hast.

Offenbarung 2,2a.4

Gute Arbeit – gute Werke?

Männer und ihre Arbeit: oft eine Hass-Liebe. Wir wollen nicht und müssen doch, wir jammern und sind stolz darauf, wir finden einfach nicht das rechte Maß …

In Italien war der Lotto-Jackpot auf eine dreistellige Millionensumme angewachsen. »Was würden Sie mit so viel Geld machen?«, wurde bei einem Straßeninterview gefragt. Die häufigste Antwort: Nie wieder arbeiten!

Mich macht das traurig. So viele Menschen verbringen so viel Zeit ihres Lebens mit etwas, das sie offensichtlich gar nicht wollen! Und wie wird es dem Gewinner ergehen? Wird er, nachdem das Geldausgeben langweilig geworden ist, in die gleiche Leere fallen wie viele Arbeitslose oder Rentner?

Ob es uns gefällt oder nicht, Arbeit ist ein Teil unseres Lebens, und wir sind aufgerufen, ein gutes Verhältnis zu ihr zu finden. C.S. Lewis unterstreicht in seinem Essay »Gute Arbeit und gute Werke«[11], dass gute Arbeit einen Wert in sich hat, und dass andererseits eine gute Absicht allein (ein moralisch gutes Werk) nicht automatisch auch gute Arbeit bedeute – wie man auf jedem Kirchenbasar feststellen könne.

Andrea und ich kommen mit unserer Band in viele Hallen und treffen dort meist einen angestellten Techniker vor. Es ist erstaunlich, wie unterschiedlich diese an ihre Arbeit herangehen. Es gibt den klassischen mürrischen Hausmeister, den man mit Engelszungen überreden muss, wenn man einen Stromanschluss will. Es gibt aber auch – und das vor allem in christlichen Häusern – sehr engagierte und hilfsbereite Haustechniker. Kürzlich hatten wir mit so einem zu tun. Ich habe mir seinen Technikraum angesehen. Alles war ordentlich eingeräumt, die Kabel waren mit Farbkodierung nach Länge sortiert. Ein technisches Problem, das ich mitgebracht hatte, löste er selbstständig. Gute Arbeit! Das ehrt Gott: Wenn jemand seine gottgegebenen Fähigkeiten einsetzt und den Menschen, mit denen er zu tun hat, dient.

Aber nehmen wir ein schwierigeres Beispiel. Diesmal eine Dame – das Thema betrifft natürlich beide Geschlechter. Neben unserem Einkaufszentrum am Ort gibt es eine Videothek. Ab und zu nehmen wir einen guten Film mit. Die Angestellten einer Videothek werden wohl in der Regel nicht besonders gut bezahlt. Ich habe schon einige erlebt, die gelangweilt rauchend vor einer Flimmerkiste sitzen, während ein Berg von noch nicht aufgeräumten Filmen sich auf der Theke stapelt. Wenn man seine Leihgebühr bezahlen will, kommt man sich als Störenfried vor und will sich fast entschuldigen. Nicht so bei unserer Videothek.

Unsere Arbeit muss mit Gott in Beziehung kommen.

Die Dame hinter der Theke ist gut gelaunt und kommunikativ. »Der ist gut«, ermutigt sie uns, als wir das Märchen für einen – natürlich anspruchsvollen – Film auf die Theke legen. »Aber schwere Kost, ziemlich anstrengend.« Sie will sicherstellen, dass wir keine falschen Erwartungen haben. Gute Arbeit in einem schwierigen Umfeld.

Es gut machen wollen

Ich habe das Glück, dass ich als Musiker und Autor gute Arbeit tun darf, von der ich annehme, dass sie zumeist auch ein gutes Werk ist. Das ist ein großes Geschenk. Aber auch hier geht es um Handwerk und Mühe. Ich liebe es zum Beispiel, ein Streicherarrangement auszutüfteln. Ich denke dann nicht ständig an Gott oder an die Hörer, denen meine

Violinenstimmen dann hoffentlich Tränen der Rührung in die Augen treiben. Ich will es einfach gut machen. Ich will, dass es mir selbst gefällt.

So oder so: Unsere Arbeit muss mit Gott in Beziehung kommen. Auch wenn der Inhalt unserer Arbeit nicht direkt mit Gott zu tun hat, ist sie ihm doch wichtig. Es ist wichtig, dass wir unsere Energie nutzen, um uns und die uns Anvertrauten zu versorgen, wenn es uns möglich ist. Es ist wichtig, wie wir dabei mit Kollegen und Kunden umgehen. Es ist wichtig, dass wir Erfüllung und Bestätigung darin finden, etwas gut zu machen, das wir können. Niemand sollte nur arbeiten müssen, um am Ende des Monats das Geld zum Leben zu bekommen. Mir ist klar, dass das in einer gefallenen Welt ständig vorkommt. Aber das war nicht Gottes Absicht.

Und niemand sollte eine Arbeit tun müssen, von der er weiß, dass sie keinen Nutzen hat, ja sogar anderen schadet. C.S. Lewis nennt dazu als Beispiel in seinem Essay aus der Nachkriegszeit gewisse Teile der Werbeindustrie, die ein Bedürfnis künstlich erzeugen, um dann damit Geld zu verdienen. Daran haben wir uns leider längst gewöhnt. Wenn ein Mann Gottes spürt, dass seine Arbeit den Prinzipien des Reiches Gottes widerspricht, dass sie mehr schadet als nützt, dann steht er vor einer harten Entscheidung. Bleiben oder kündigen – es sollte eine Entscheidung des Mutes und nicht der Angst sein.

Gesunde Arbeit

Immer wieder einmal wird man in christlichen Kreisen aufgefordert, eine Prioritätenliste für sein Leben zu schreiben. Als erster Punkt steht dort natürlich Gott, als zweiter sollte man wohl Ehe und Familie schreiben, als dritten die Gemeinde nennen – oder doch zuerst die Freunde? Dann kommt schließlich irgendwann die Arbeit, der Job – und jeder Erwerbsarbeit leistende Christ bekommt sofort ein schlechtes Gewissen, weil er nach dieser Sichtweise die meiste Zeit mit etwas zubringt, das gar nicht die höchste Priorität hat. Irgendetwas stimmt nicht mit dieser Liste. Vielleicht stellen wir die Frage falsch. Wir müssen Arbeit im Lichte Gottes sehen und mehr in Bezug zu unserem Glauben bringen. Wir müssen unser Arbeitsleben mit unseren Familien teilen, uns mitteilen. »Zu Hause spreche ich nie über meine Arbeit.« Wenn ich so einen Satz höre, klingeln bei mir alle Alarmglocken. Männer können ihre Rollen vielleicht leichter wechseln als Frauen. Aber gesund ist das für sie nicht.

Und keinesfalls sollte unsere Arbeit eine »Gott-lose« Zeit sein. »Gott, ich muss erst das hier erledigen, danach kann ich mich dir wieder zuwenden.« Wenn wir so denken, ist unser Glaube zusätzlicher Druck statt Befreiung. Gott ist nicht ein Segment der Tortengrafik, ein Tortenstück von vielen in unserem Leben. Er ist der Bäcker!

Ich sehne mich danach, dass alles eins wird und seinen richtigen Platz bekommt. Ich möchte nicht mit schlechtem Gewissen arbeiten – und ich möchte nicht mit schlechtem Gewissen aufhören zu arbeiten.

Gott nicht ausklammern

Wenn man eine besondere Begabung, eine besondere Aufgabe hat, ist die Versuchung groß, dass die Arbeit und die daraus resultierende Leistung einen zu hohen Stellenwert erhalten. Ich habe schon in vorherigen Kapiteln beschrieben, wie meine musikalische Begabung mir als Teenager half, mehr Selbstsicherheit zu finden – zugleich aber mein Selbstwertgefühl an eben diese Gabe band. Fluch und Segen! Als ich zum Glauben fand, hat niemand in meiner Umgebung diesen Zusammenhang durchschaut. Unter frommen Vorzeichen lebte ich dasselbe Schema weiter. Nur dass ich mich nun noch wichtiger fühlen durfte, weil ja alles für den Herrn war.

Ich spitze jetzt zu, aber ich fürchte, dass es ganz vielen Christen – besonders Männern – so geht. Der ältere Sohn, der auf dem Feld arbeitet, um seinen Vater zu beeindrucken, statt mit ihm zu leben. Diener statt Sohn. Hungrig mitten im Haus des Vaters. So beschäftigt mit der Feldarbeit, dass ich nicht zum Festessen der Früchte eben dieses Feldes komme. Welch eine Tragik! In der Zeitschrift AUFATMEN wurde sie schon vielfach von Reich-Gottes-Mitarbeitern reflektiert.

Aber Lobpreisdienst – da muss man doch Gott ganz nahe sein, oder? Es ist verrückt, aber man kann auch so beschäftigt sein mit Lobpreis, dass man gar nicht zu Gott kommt. So wird selbst gute, von Gott gesegnete und für Gott verrichtete Arbeit zum Fluch, wenn sie ihn selbst ausklammert, verdrängt, ersetzt. Und ich rede jetzt nicht nur von Zeit, Kalendern, Listen und Prioritäten, sondern von der Frage, woran unser Herz hängt.

Adams Feld

Wir sehnen uns nach dem Garten Eden, aber wir wurden daraus vertrieben auf das Feld der Arbeit. Es fällt auf, dass die Bibel die Konsequenzen des Sündenfalls für Adam und Eva unterschiedlich beschreibt. Eva hat Verlangen nach ihrem Mann. Er aber müht sich auf dem Feld ab. Vielleicht denken wir dabei an das traditionelle Rollenklischee: Sie erwartet ihren Gatten sehnlich mit einem liebevollen Abendessen, während er Überstunden im Büro machen muss – oder vorgibt, dass es so sei. Diese Szene kommt sicher auch in unserer modernen Gesellschaft noch tausendfach vor. Aber die Bibel greift tiefer. Frauen haben zu allen Zeiten genauso hart, wenn nicht härter als Männer gearbeitet. Das ist nicht der Punkt. Aber ihre Sehnsucht richtet sich eher auf Beziehungen. Männer dagegen suchen ihren Wert und ihre Bestätigung häufiger in der Arbeit.

Beide wollen geliebt und geehrt werden. Paulus ermahnt aber die Männer besonders, ihre Frauen zu *lieben*, die Frauen dagegen, ihre Männer zu *ehren*. Ein Mann kann zur Not ohne Liebe leben. Aber ohne Achtung und Ehre? Und das hat für viele mit ihrer Arbeit zu tun. Auch und gerade Arbeit im Reich Gottes.

Inwiefern ist es ein Fluch, wenn Männer ihre Identität in ihrer Arbeit suchen? Es vertieft zum einen den Riss zwischen Mann und Frau. Sie sehnt sich nach – arbeitsfreier – Beziehungszeit, er nach Wertschätzung seiner Arbeit, die er oft nicht bekommt, weil genau diese Arbeit in Konkurrenz zur Beziehung tritt. Ein Teufelskreis!

Zum anderen aber ist Arbeit – die eigene Leistung – die falsche Quelle für unsere Identität. Die Sprache verrät uns. Wir sagen: Ich *bin* Lehrer, Architekt, Pastor. Uns was, wenn ich – warum auch immer – nicht mehr arbeiten kann? *Bin* ich dann nichts mehr?

So wie Eva ihr letztes Glück nicht in Beziehungen finden wird, findet Adam es nicht in der Arbeit. Beides klammert Gott aus. Ja, Arbeit gehört zu uns, sie ist wertvoll und wichtig. Aber Gott will unsere erste Quelle sein. Er will mit uns wieder im Garten Eden Spaziergänge machen. Singen wir nicht, dass der Cherub mit dem Flammenschwert uns nicht länger den Zugang zum Paradies verwehrt? Nun, die Gartentür mag durch Jesus inzwischen offen sein – aber wir haben keine Zeit, wir sind auf dem Missionsfeld.

Ab und zu hören oder lesen wir dann von der »ersten Liebe«, und das schlechte Gewissen meldet sich. »Was müsste ich tun, damit ich wieder begeisterter von Gott bin?« Wir verstehen selbst diesen Satz in der Sprache der Leistung.

Manfred Lanz erklärt in seinem Buch »Leben in der Liebe des Vaters« dazu sehr eindrücklich, dass die »erste Liebe« zuerst die Liebe Gottes zu uns ist. Ein Kind wird zuerst geliebt, ohne dafür irgendetwas leisten zu können. Das ist also die Mahnung an die arbeitseifrigen Epheser in Offenbarung 2 und an uns alle: uns nicht in unseren eigenen Werken zu erschöpfen. Nicht tun, sondern lassen. Loslassen, weglassen, zulassen, mich lieben lassen. Für viele Männer ein nahezu unerträglicher Gedanke. Und doch genau das, was wir alle brauchen.

Leben lernen

Ich ringe seit vielen Jahren mit diesen Fragen. Ja, ich weiß, dass meine Arbeit – gerade meine Arbeit für Gott – nicht meinen Wert ausmacht. Ja, ich weiß, dass Beziehungszeit mit Gott und Menschen wichtig ist. Aber wenn ich dann in einer solchen Beziehungszeit bin, fühlt es sich trotzdem oft so leer und unsicher an.

Ich genieße es, mit Gott zusammenzuarbeiten. Und ich genieße es, mit meiner Frau zusammenzuarbeiten. Ohne die Arbeit fühle ich mich oft noch so, als sei mir die Sprache genommen, die ich seit frühester Kindheit gelernt habe. Manchmal verstumme ich dann. Meine Gedanken wandern insgeheim zum nächsten Projekt. Kennt das irgendjemand da draußen?

»Neun Wege, Gott zu lieben« – Gary L. Thomas[12] liefert mir, wenn ich sein Buch *nicht* richtig lese, einen Ausweg: Gott lieben durch die Arbeit. Bin ich eben einfach nicht der kontemplative Typ? Mag sein – und es tut gut, Verständnis zu finden, zu hören, dass es anderen auch so geht. Aber ich will lernen und mich meinen Schwächen stellen (und so meint es natürlich auch Thomas). Arbeit ist für mich immer noch zu wichtig, gerade deshalb brauche ich Kontemplation. Nach all den Jahren fange ich langsam an, mit dem Vater im Himmel eine richtig gute Zeit zu haben. Er und ich gehen viel spazieren. Manchmal wandern wir richtig weit. Oft gehen wir über die Felder. Wir reden über unsere Projekte. Gott ist nicht nur ein Mann – aber er ist eben auch ein Mann. Gott sei Dank! Er versteht das.

Aber dann kommen wir auch manchmal in den Garten, in das *Land der Ruhe* (Hebräer 4,10). Hier muss ich nichts mehr tun. Es wächst alles von selbst. Keine Ahnung, wie er das macht. Und dann zeigt er mir so einen Baum mitten im Garten. Die Früchte schmecken echt lecker. Irgendwie nach Leben.

Land der Ruhe

In deiner Gegenwart
Kommt mein Herz zur Ruhe
In deiner Gegenwart
Erfahr ich neuen Sinn
In deiner Gegenwart
Zählt nicht mehr, was ich tue
In deiner Gegenwart
Gilt nur noch, was ich bin

Ich bin dein, du bist mein
Ich in dir, du in mir
Und sprichst zu mir die Worte
Die so guttun:
Willkommen im Land der Ruhe
Im Land der Ruhe
Willkommen im Land der Ruhe
Im Land der Ruhe

In deiner Gegenwart

Entspannt sich meine Seele
In deiner Gegenwart
Vergesse ich die Zeit
In deiner Gegenwart
Verblassen meine Sorgen
In deiner Gegenwart
Beginnt die Ewigkeit

Ich bin dein, du bist mein
Ich in dir, du in mir
Und sprichst zu mir die Worte
Die so guttun:
Willkommen im Land der Ruhe
Im Land der Ruhe
Willkommen im Land der Ruhe
Im Land der Ruhe

Text und Musik: Albert Frey
© 1998 FREYKLANG adm. by Gerth Medien, Asslar
Auf der CD »Land der Ruhe«

Demut und Authentizität

Was dient am meisten?

Ich habe schon in Kapitel 14 darüber gesprochen, dass die Antwort auf viele wichtige Fragen unseres Lebens und Glaubens nicht in einem »Entweder-Oder«, sondern in einem »Sowohl-als-Auch« liegt. Der Königsweg ist oft die gesunde Mitte, die Balance zwischen zwei Polen. Diese Pole erzeugen Spannungsfelder, die es auszuhalten, auszuloten und immer wieder auszutarieren gilt.

Das trifft auch auf die Frage zu, wie wir Gott und den Menschen am besten dienen können. Ist *Demut* der Schlüssel oder vielmehr *Authentizität*? In früheren Zeiten hätten die meisten Christen schnell der Demut den Vorrang gegeben. Heute entdecken wir, dass wir oft am besten dienen können, wenn wir uns dabei selbst entfalten, wenn wir einen Platz finden, der zu uns passt. Einfacher gesagt: Dienst muss auch Spaß machen, sonst hat er keine Ausstrahlung, und ich halte nicht lange durch. *Authentizität* ist das Zauberwort unserer Zeit. Sei du selbst, dann haben auch die anderen am meisten davon. Was ist mein Platz? Um das herauszufinden, gibt es Predigten, Bücher, Gabentests und vieles mehr.

> Der Königsweg ist oft die gesunde Mitte.

Aber wer hat die Gabe, Stühle aufzustellen, wer fühlt sich zum Putzdienst berufen? Plötzlich will das keiner mehr machen. Dann brauchen wir wohl wieder mal eine mahnende Predigt über aufopferungsvollen Dienst, wie in den guten alten Zeiten, oder?

Solange wir nur das eine predigen, werden sich immer die Leute am falschen Ende der Skala bestätigt oder angegriffen fühlen. Preisen wir den hohen Wert der Demut und des Verzichts auf eigene Wünsche, dann geben wir Wasser auf die Mühlen derer, die sich im Dienst zerreiben und deren Persönlichkeit im Begriff ist, sich aufzulösen. Sprechen wir über Authentischsein, seine Gaben finden und ausleben, dann fühlen sich die Selbstdarsteller bestätigt. Anstatt diese Pole gegeneinander auszuspielen, erscheint es mir sinnvoller, beide zusammen in den Blick zu nehmen und die jeweiligen Licht- und Schattenseiten auszuloten.

Für beide Haltungen finden wir jede Menge Begründungen in der Bibel. Jesus fordert uns auf, von seiner demütigen Haltung zu lernen, am unteren Ende der Tafel Platz zu nehmen, der Diener aller zu werden. Aber er fordert auch, dass wir unsere Talente entfalten und unser Licht leuchten lassen.

Es wäre jetzt interessant zu schauen, wer welche Stellen in seiner Bibel angestrichen hat. Und warum: entweder zur Bestätigung (oder Überbetonung) der eigenen Neigung, oder weil ein Wort schmerzlich meine Schattenseite trifft. Manchen Leuten würde ich am liebsten an bestimmten Stellen der Predigt die Ohren zuhalten oder bestimmte Verse in ihrer Bibel schwärzen!

Oben und unten

Nehmen wir den gutmütigen Kindermitarbeiter. Die letzten acht Gottesdienste hat er im Kinderraum unten auf die ungezogenen Sprösslinge anderer Leute aufgepasst, die diesen Service selbstverständlich in Anspruch nehmen. Jetzt überlegt er sich zaghaft, ob er mal Nein sagt, um den Gottesdienst »oben« mitzuerleben. Welche Antwort wird er bekommen – aus seinem Gewissen, aus seiner Bibel, von seinen Leitern?

Währenddessen hat unser allseits geschätzter Gemeindemusiker keinen Zweifel, dass die Gemeinde unbedingt ausführlich von seinem neuesten Erlebnis mit Gott hören muss, das er gleich in ein neues Lied verwandelt hat. Dass er damit jede Menge Zeit und Raum in Anspruch nimmt, die andere auch gerne gehabt hätten, kommt ihm nicht in den Sinn – das hat doch Gott ihm gegeben, oder?

Ich weiß nicht, ob diese Beispiele überzogene Satire oder mancherorts tatsächlich Realität sind.

Näher an Gott dran?

Aber meine eigene Spannung kann ich an einem weiteren Beispiel schildern: Ich bin als Lobpreisleiter eingeladen und bekomme vom verantwortlichen Leiter ein großes Lob, weil ich die Besucher so gut abgeholt und mitgenommen habe. Ich habe bekannte Lieder ausgewählt, schön leise gespielt und sah dabei christlich und bescheiden aus. Er vergisst nicht, zu erwähnen, dass es bei der letzten Veranstaltung ganz anders war. Die damals eingeladenen Musiker hätten nur ihr eigenes Ding auf der Bühne durchgezogen, es sei zu laut und oft nicht nachvollziehbar gewesen. Es schien sie nur zu interessieren, was zwischen ihnen und Gott abläuft.

Was mache ich mit so einem Lob? Demütig nicken, mich bestätigt fühlen, dankbar nach Hause gehen und dort über die unmöglichen Kollegen herziehen? Streichen wir das Letzte. Stimmt es dann?

Na ja, es gab einen Satz, der mich weiter beschäftigt hat, obwohl das gar nicht die Absicht des lobenden Leiters war: »Die hat nur interessiert, was zwischen ihnen und Gott abläuft.«

Was fühle ich da? Neid? Die Sehnsucht, ganz ich selbst zu sein, ohne Rücksicht auf andere? Der Wunsch, Gott mehr zu gefallen als den Menschen? Ich bin sicher, die verehrten Kollegen könnten eine Menge von mir lernen. Aber ich fürchte, ich könnte auch von ihnen einiges lernen. Mit welcher Frage will ich mich beschäftigen?

Ich ringe mich zur zweiten durch. Ich kann lernen, meiner authentischen Erfahrung mit Gott den Vorrang zu geben und nicht von Anfang an die Reaktion der Menschen mit zu berücksichtigen. Werden sie es verstehen? Wird es ihnen gefallen? Werden sie mich mögen? Das sollten nicht die ersten Fragen sein. Vielmehr: Ist es echt, ist es wahr, ist es richtig, ist es auf Gottes Herzen?

»Die hat nur interessiert, was zwischen ihnen und Gott abläuft.«

Die lieben Kollegen haben zwar fast den Saal leer gespielt, aber vielleicht waren sie näher an Gott dran, vielleicht hatte ihr Spielen mehr geistliche Relevanz. Vielleicht haben sie auch nur ihren Ego-Trip ausgelebt, vielleicht haben sie charismatische Vorbilder nachgeahmt, vielleicht sind sie der Illusion einer unmittelbaren Führung durch den Heiligen Geist aufgesessen. Vielleicht gibt es das eine nie ganz ohne das andere.

Aber wäre es nicht schön, wenn Leute, die gerne alle glücklich machen, lernen, ihre Menschenfurcht abzulegen und »Nein« zu sagen? Und wäre es nicht schön, wenn alle, die von sich und ihrer Sendung allzu sehr überzeugt sind, sich hinterfragen und auch mal hinten anstellen würden?

Liedwünsche

Noch ein Beispiel aus der Lobpreisleiterei: Wird man zum Musikdienst auf einer Konferenz eingeladen, gibt es meist Liedwünsche. »Dieser Choral bedeutet unseren Alten so viel, jenes Lied war auf der letztjährigen Konferenz wichtig, dieses Lied würde perfekt zum Thema passen.« Nun ist eine Musikgruppe, auch ein »Lobpreisteam«, keine Musikbox, kein Begleitautomat. Das Repertoire kann gar nicht alle denkbaren Lieder umfassen, auch wenn einige Lobpreisteams das auf Kosten von Qualität und Identität versuchen. Einfacher gesagt: Man bittet mich, Lieder zu spielen, die ich nicht kenne und nicht spielen kann oder mag. Nun gut, man kann ja proben. Aber wie viel? Und hat ein kurzfristig einstudiertes Lied dann auch Kraft? Passt es zu meiner Persönlichkeit und meiner Band? Würde ich die Worte wählen, kann ich den Musikstil authentisch transportieren? Oder wäre das nur »so tun als ob« um des lieben Friedens willen? Und plötzlich scheint es gar nicht mehr so richtig und christlich, diese Liedwünsche zu erfüllen!

In der Praxis gibt es oft einen Kompromiss. Ein bis zwei Lieder einstudieren, das geht noch. Oder ich biete für ein Lied, das mir nicht liegt, ein anderes mit ähnlichem Inhalt an. Aber das braucht Rückgrat. »Nein, dieses Lied wollen wir nicht spielen. Nein, hier brauchen wir mehr Zeit, sonst kann unser Beitrag keine Kraft entfalten. Nein, diesen nichtssagenden Lückenfüller sollten wir streichen.«

Veranstaltungen

Das bringt uns zum nächsten Beispiel aus dem geistlichen Dienst. Ich erzähle jetzt (sozusagen ganz authentisch) aus meiner Erfahrung und hoffe, dass die geneigten Leser das auf ihre Lebenswelten übertragen können.

Was ist der Unterschied zwischen einer charismatischen und einer evangelikalen Veranstaltung? Nun, ich merke das ganz schnell, und zwar nicht an der Frömmigkeit, sondern an der Dicke des Veranstaltungsordners. Charismatisch: »Lieber Bruder, wir glauben, dass Gott euch mächtig gebrauchen wird. Macht einfach so etwa eine Stunde lang, was Gott euch aufs Herz legt, dann kommt Bruder XY mit der Predigt. Wenn die Salbung schon vorher kommt, macht einfach weiter.« Das passt auf ein Blatt, danach kommen die technischen Absprachen, das war's.

Dass es eher evangelikal wird, merke ich, wenn schon zweieinhalb Jahre vorher die zweite Programmfassung kommt, bevor wir auf die erste überhaupt reagieren konnten. Bis zum endgültigen Minutenprogramm wird es noch stapelweise Mails und Protokolle geben, und – nein, wir können leider nicht unbezahlt zu den ganztägigen Planungssitzungen nach Kassel kommen.

Wer macht es denn nun richtig? Die »charismatische« Variante A bietet natürlich einen wunderbaren Entfaltungsraum. Aber werden wir ihn auch gut nutzen? Oder werden wir dem Prediger widersprechen, werden wir die Zeit der Leute verschwenden, werden unsere lauten Töne die Stimmen derer übertönen, die sich nicht in den Vordergrund drängen? Werden wir ein ausgewogenes Bild des Reiches Gottes malen, oder werden wir nur eine Farbe sichtbar machen?

Die »evangelikale« Variante B kostet eine Menge Nerven. Ja, ich verstehe, die Grußworte des Bürgermeisters und des Ehrenvorsitzenden brauchen ihren Platz, das Zeugnis der Familie aus Afrika ist auch ganz wichtig, die Jugendmitarbeiter wollen uns das einstudierte Lied präsentieren (natürlich brauchen sie auch unsere Instrumente und Mikrofone), ja, wir werden die Lobpreiszeit noch etwas kürzen.

Was ist nun gesegneter? Das Verrückte ist, man kann es nicht vorhersagen.

A kann kraftvoll sein, ein geistlicher Durchbruch für viele. Es kann aber auch langweilig, ärgerlich, kontraproduktiv sein. Wir messen geistlichen Erfolg ja immer nur auf der Plus-Skala. 1000 sind gekommen, 100 haben sich segnen lassen, 10 Bekehrungen – preis dem Herrn. Wer aber misst die negativen Ausschläge? 20 so abgeschreckt, dass sie auf Jahre unempfänglich fürs Evangelium sind, 200 gehen enttäuscht nach Hause, 500 sind hoch motiviert – für ein bis zwei Tage.

Also doch lieber B? Variante B kann ermüdend und langweilig sein. Alles und nichts. Eine endlose Abfolge kleiner Beiträge, ausgewogen, aber kraftlos. Aber B kann auch die wunderbare Kraft eines guten Familientreffens haben. Keiner ist der Star, jeder hat etwas beizutragen. Die Jungen und die Alten, die Profis und die Amateure. Mit viel Liebe haben die Veranstalter jeden Beitrag abgewogen. Die inhaltliche Linie ist stimmig und nachvollziehbar.

In der Praxis gibt es meist eine Mischung aus den Extremen A und B. Und das ist gut so. Wir können alle viel voneinander lernen!

Spannungsfeld Dienen

In der folgenden Tabelle ist dieses Spannungsfeld dargestellt. Die obere linke und rechte Spalte stellen beide *gute* Motivationen dar, scheinbar widersprüchlich, aber nur im Zusammenwirken beider Seiten bleibt der Dienst gesund. Wenn wir zu einseitig einen Pol ausleben, spielt vermutlich statt der hehren Motive, die wir gerne vor uns hertragen, die Angst eine große Rolle. Die jeweilige Angst ist in der unteren Zeile dargestellt. Tatsächlich schwingt sie immer mit. Wir sollten uns dieser Schattenseite stellen. Wir sollten erkennen und annehmen, dass unsere Beweggründe immer gemischt sind. Gefährlich sind vor allem die »Diener«, die sich selbst und anderen vormachen, dass sie nur reine Motive haben.

Authentizität	Demut
ich selbst sein,	aus Liebe handeln
meinen Weg gehen,	die Menschen im Blick haben,
meine Gaben, Stärken ausleben	zu denen ich gesandt bin
Motivation aus dem,	verzichten oder herausfordern
was ich gerne tue, »wozu	lassen
ich geschaffen bin«	wahre Demut (Mut zu dienen)
Mut, »Nein« zu sagen	
Selbstdarstellung	**Menschenfurcht**
Self-Promotion	es allen recht machen wollen
mich auf Kosten anderer	faule Kompromisse
durchsetzen	um des lieben Friedens willen
anderen meine Wünsche	Überforderung
aufdrängen	Angst, »Nein« zu sagen
nicht genug bekommen	
Angst, zu kurz zu kommen	

Schlagseite

Nehmen wir die begabte Leuchtfigur. Da ist jemand genau am richtigen Platz. Seine Worte begeistern, seine Persönlichkeit reißt andere mit, seine Ideen zünden, seine Projekte werden umgesetzt und tragen Frucht. Damit dient er Gott und den Menschen. Aber es ist auch ein gutes Gefühl, so gesehen zu werden, so wichtig zu sein, so einflussreich. Schwingt da nicht auch eine gehörige Portion Selbstdarstellung mit? Ist in Wirklichkeit gar nicht »alles für den Herrn«, sondern ein Stück Self-Promotion? Vielleicht kommt auch Kritik, andere wollen auch mal ran. Jetzt ist die große Frage: Kann ich loslassen, zurücktreten? Oder beharre ich auf »meiner« Stellung, Berufung, Salbung? Das offenbart die Angst, nicht genug zu bekommen. Die scheinbar starke Persönlichkeit braucht die Anerkennung, ist regelrecht abhängig davon. Diesen Mechanismus kann man überall beobachten: in Wirtschaft und Politik, in der Kirche, bei Jugendgruppen und in Familien.

Der demütige Diener dagegen kann seine verborgenen Motive meist noch besser verstecken. Er füllt jede Lücke, macht Überstunden, hat immer ein offenes Ohr. Er opfert sich für andere auf, aber das gibt ihm zumindest das Gefühl, ein »Guter« zu sein. Mit der Zeit fühlt er sich vielleicht moralisch überlegen, weil er so bescheiden und diensteifrig ist. Durch dieses Überlegenheitsgefühl muss er nicht mehr *seine* Angst spüren: die Angst, andere zu enttäuschen, »Nein« zu sagen und dann nicht mehr der Liebe und Gute zu sein.

Wir alle haben unsere Schlag- und Schattenseite. Und das ist in Ordnung, solange wir nicht blind dafür sind. Am gefährlichsten ist die geistliche Blindheit, die geistliche Übertreibung: »Der Herr gab mir …«, »Der Herr hat zu mir gesagt …« – was soll man da noch sagen?

Eigentlich spüren wir recht schnell, ob wir es mit einem reifen »Diener« zu tun haben. Wir dürfen uns nur nicht durch imposantes Auftreten oder scheinbar demütige Fassaden blenden lassen. Wenn jemand über sich selbst lachen kann, Fehler einsieht, anderen Platz lässt und seine Grenzen kennt, dann fühlen wir uns bei ihm wohl und sicher. Dann können wir selbst dienen und uns dienen lassen.

Ich bin der ich bin

Ich hab es allen recht gemacht
Und mit den andern mitgelacht
Mir dabei so viel vorgemacht
Wer bin ich wirklich?
Ich hab schon so oft Ja gesagt
Und keinen Widerspruch gewagt
Nur stumm in mich hineingeklagt
Wer bin ich wirklich?

Es ist Zeit, auf mich mich zu hörn
Diese Masken zu zerstörn, das Spiel aufzuhörn

Ich bin der ich bin, das muss genügen
Nicht mehr und nicht weniger, ich brauch keine Lügen
Es macht keinen Sinn, mich selbst zu betrügen
Ich bin der ich bin

Ich hab schon so viel zugedeckt
Aus falsch verstandenem Respekt
Dabei mein wahres Ich versteckt
Wer bin ich wirklich?
Ich hab Gefühle oft verneint
So viele Tränen nicht geweint
Und was ich sagte nicht gemeint
Wer bin ich wirklich?

Es ist Zeit, auf mich zu hörn
Diese Masken zu zerstörn, das Spiel aufzuhörn

Ich bin der ich bin, das muss genügen
Nicht mehr und nicht weniger, ich brauch keine Lügen
Es macht keinen Sinn, mich selbst zu betrügen
Ich bin der ich bin

Gott, du kennst mich so viel besser
Als ich selbst mich kennen kann
Jeder Zufall, jeder Unfall hat noch Sinn in deinem Plan
Hilf mir, das zu investieren, was du mir gegeben hast
Und die Grenzen anzunehmen
Die du meinem Leben gabst

Ich bin der ich bin, das muss genügen
Nicht mehr und nicht weniger, ich brauch keine Lügen
Es macht keinen Sinn, mich selbst zu betrügen
Ich bin der ich bin

Text und Musik: Albert Frey
© 2002 FREYKLANG adm. by Gerth Medien, Asslar
Auf der CD »Zwischen Himmel und Erde«

ÄLTER WERDEN

Reifen und Trauern

Ich habe beim Thema »Älter werden« zwei unterschiedliche Impulse in mir: *Reifen* und *Trauern*. Man könnte sie Geist und Seele zuordnen, der Ausrichtung nach *oben* und nach *unten*. Damit meine ich aber nicht Himmel und Erde, göttlich und menschlich. Ich bin vielmehr überzeugt, dass Gott auf beiden Wegen zu finden ist.

Vor ein paar Jahren, um die vierzig, hat mich hauptsächlich der Weg des Geistes interessiert. Darüber habe ich auch öffentlich gesprochen: ein Erstarken des Geistes gegen Zeitgeist und körperlichen Niedergang. Jetzt, wo ich die Mitte vierzig überschritten habe und das Älterwerden immer mehr zu spüren bekomme, nehme ich auch das Bedürfnis meiner Seele wahr, den Verlust der Jugend zu betrauern.

Reifen

Das Alter hat viel Wertvolles zu bieten: Erfahrung und Weisheit, die Konzentration auf das Wesentliche. Mithilfe von Gottes Wort, seiner Führung und Menschen, die mit uns auf dem Weg sind, kommen wir dem Ziel näher. Wir kennen immer besser unsere Schwächen und Stärken. Wir wissen, welche Kämpfe sich lohnen. Wir lernen loszulassen und anderen Platz zu schaffen.

Das ist ein wunderbares Gegenprogramm zum Zeitgeist, der die Jugend verherrlicht und mit allen Mitteln zu verlängern sucht. Als Christen dürfen wir das Alter schätzen und ehren. Warum sollen »Älteste« eine Gemeinde leiten? Im Idealfall, weil sie die Reise schon gemacht haben, den Weg kennen. Sie haben vermeintliche Abkürzungen genommen und mussten umkehren. Sie sind falsch abgebogen und mussten Umwege in Kauf nehmen. Sie kennen die Gefahren auf dem Weg und wissen, wo es Erfrischung und Ermutigung gibt.

Wenn wir das wirklich konsequent zu Ende denken, merken wir, wie krank unsere Welt ist, die alte Menschen nur als Belastung empfindet und ihnen nichts mehr zutraut. In den jungen Jahren ist der Körper stark, aber der Geist noch schwach und voller Illusionen. Der Welt, die nichts von Geist und Ewigkeit weiß, bleiben nur der Körper und die Illusionen. Mit allen Tricks versuchen viele, den Körper jung zu halten. Sie werden »Berufsjugendliche«, die sich nicht festlegen wollen.

Wir dagegen dürfen zu unserem Alter stehen. Ja, vieles nimmt mit den Jahren ab. Aber das ist gut so! Anderes nimmt zu, und das ist entscheidender. Wir werden menschlich und geistlich reifer. Wir gehen der Ewigkeit entgegen. Und selbst wenn das Ende schmerzhaft oder abrupt sein sollte, danach kommt erst das Wahre, Ewige.

Das ist die eine Seite. Sie ist wahr, aber oft weit von der Wirklichkeit entfernt, wie wir auch als Christen erfahren.

Trauern

Wir haben nicht nur einen Körper, wir sind Körper, Seele und Geist. Deshalb hat es immer Auswirkungen auf den ganzen Menschen, wenn der Körper nachlässt.

Ich spreche jetzt mal von uns Männern. Es setzt uns zu, wenn die Haare ausfallen, wenn wir trotz Sport unser Gewicht nicht halten können, wenn wir nicht mehr zehn oder zwölf Stunden am Tag arbeiten können, wenn das Gedächtnis nachlässt. Wir dürfen nicht nur heroisch die Illusionen der Jugend loslassen, wir werden dazu gezwungen! Wir können nicht mehr auf allen Hochzeiten tanzen, alle Eisen im Feuer halten. Manche versuchen es trotzdem und landen im Burn-out oder anderen Stresskrankheiten. Der Körper zieht die Notbremse.

Wir können nicht mehr auf allen Hochzeiten tanzen

Ich empfinde es so, dass wir in verschiedenen Bereichen unsere Vorstellungen und Wünsche abtrauern müssen. Wir müssen uns von Träumen verabschieden, egal ob sie sich erfüllt haben oder gänzlich unerfüllt geblieben sind.

Fitness

Es ist peinlich, aber ich habe mich früher gerne insgeheim mit Spitzensportlern verglichen, die etwa mein Alter haben. Mir war klar, dass ich das nicht mehr erreichen kann, aber es hat mich irgendwie angespornt. Vielleicht könnte ich ja noch richtig Tennis lernen, einen breiten Schwimmerrücken bekommen, ein Leichtathletik-Ass werden.

Das waren immer Illusionen, aber jetzt wäre es lächerlich, länger daran festzuhalten. Ich werde nie mehr so schnell laufen wie mit zwanzig. Ich werde nie mehr so muskulös sein wie mit dreißig.

Es ist eine ernsthafte Frage, ob es für mich besser ist, meinen Bauchansatz mutig zu bekämpfen oder gelassen anzunehmen. Was bringt mir mehr Lebensqualität? Ewige Unzufriedenheit auf jeden Fall nicht. Nicht nur die Frauen, die hier vielleicht noch mehr durch das verlogene Medienideal herausgefordert sind, sondern auch wir Männer müssen uns früher oder später mit Unvollkommenheiten abfinden.

Ich pflege meinen Körper und habe hoffentlich noch ganz lange Spaß an Bewegung. Aber ich kann mein Selbstwertgefühl nicht mehr an meinen Körper hängen, wenn das je möglich war. Und ich kann andere nicht mehr damit beeindrucken. Goodbye Traumbody, goodbye Olympia, goodbye bewundernde Frauenblicke.

Brautschau

Das bringt uns zu einem weiteren Merkmal der Jugend: der Markt der Möglichkeiten! Die Zeit, in der man den Partner fürs Leben sucht, ist wunderbar. Vielleicht empfinden das viele gar nicht so, die mittendrin stecken. Da wird gelitten, gezagt und gebangt. Aber im Nachhinein glorifizieren wir gerne die Zeit der Partnerwahl. In unserer Gesellschaft wird sie immer weiter künstlich verlängert. Aber auch wir christlichen Männer mit Werten träumen manchmal davon, wie es wäre, noch einmal dorthin zurückkehren zu können. Vielleicht gar nicht unbedingt mit einer anderen Frau, sondern eher als ein anderer Mann.

Wir verlieben uns ja nicht in einen anderen Menschen, wie er wirklich ist. Das wissen wir meist noch gar nicht, wir lernen ihn bzw. sie ja erst gerade kennen. Und beide zeigen in diesem Spiel natürlich nur ihre besten Seiten. Wir verlieben uns in ein Bild. Wir malen uns aus, was der oder die andere, was ich und was wir zusammen sein könnten.

Das ist wertvoll und wichtig für die Partnerschaft. Es ist die Anfangsvision, die uns immer wieder aufleuchten kann, gerade wenn wir durch dunkle Wegstrecken gehen. Aber es ist natürlich nicht die Wirklichkeit. Die Enttäuschung muss kommen, am besten in kleinen Schritten. Aber manchmal bricht sie auch in der Lebensmitte als Krise über uns herein.

Verantwortungslose Männer suchen sich dann eine jüngere Freundin, gewissenlose Männer kaufen sich Sex und Bestätigung, gehemmte Männer flüchten sich in Tagträume. Aber das verlängert nicht nur die Illusion, es wird zerstörerisch für uns und andere. Statt durch die Krise des Älterwerdens zu lernen, werden solche Männer gespalten, arrogant, zynisch. Wenn sich ein Mann in unserer Zeit aus der Verantwortung für seine Familie stiehlt und mit einer jungen Frau eine zweite Jugend erlebt, erfährt er von anderen Männern womöglich stille Bewunderung.

Mir liegt es fern, hier zu urteilen. Ich habe selbst schmerzhaft das Scheitern einer Ehe erlebt. Das Leben ist komplex, und Gott ist gnädig. Eine neue Partnerschaft – auch mit Altersunterschied – kann ein Geschenk Gottes sein, der sich nicht um bürgerliche Ideale kümmert.

Aber in vielen Fällen ist es wohl nicht Mut, den der »tolle Hecht« mit der neuen jungen Frau beweist, sondern Angst oder gar Feigheit. Er braucht das Gefälle in der Beziehung, er scheut die Begegnung auf Augenhöhe. Statt die Frau zu lieben, die ihn durch und durch kennt, spielt er lieber Casanova bei der, die ihn nicht wirklich kennt. Das wird aber nicht lange so bleiben. Er wird früher oder später wieder am selben Punkt landen. So geht es, wenn wir die an uns gestellte Aufgabe umgehen. Sie kommt immer wieder zurück, bis wir uns ihr stellen.

Es gilt also auch, diese Illusion der neuen, anderen, perfekten Liebe loszulassen, wenn wir gebunden und verheiratet sind. Das mag ein Trauern sein, vielleicht auch eine Befreiung. Ich bin weg vom Markt. Gott hat mir eine wunderbare Frau geschenkt. Zu ihr soll meine Liebe fließen.

Das schaff ich noch

Jeder hat ja so sein Maß für seine Arbeitseinheiten. Ich habe in meinen »besten Zeiten« fünf CDs im Jahr produziert und fünfzig Konzerte gespielt. Das geht natürlich nur, wenn man oft bis Mitternacht und am Wochenende arbeitet. Ich war auch noch stolz darauf. Dabei zeigt das nur Maßlosigkeit und eine nicht ausbalancierte Lebensweise. Vielleicht braucht man das mal als junger Mann, aber ab vierzig sollten wir solche Arbeitszeiten als Schwäche und nicht als Stärke sehen!

Seit Jahren geistert eine völlig veraltete Biografie von mir durchs Internet, die aufzählt, wie viele Songs ich veröffentlicht habe und an wie vielen

CDs ich beteiligt war. Das mag manche beeindrucken, aber mir ist es nur noch peinlich. Als ob Quantität irgendetwas Sinnvolles aussagen würde.

Ich will meinen Beruf nicht allzu sehr verallgemeinern. Wenn jemand zum Beispiel Abwasserrohre herstellt, ist es natürlich besser, wenn er 50 000 pro Jahr verkauft, als 5000. Aber das Wichtigste bleibt, dass die Qualität stimmt. Wenn die Rohre nach zehn Jahren undicht werden, hat er sein Ziel nur umso weitreichender verfehlt.

Je mehr, desto besser – das ist eine weitere Illusion der Jugend. Das Alter sagt: Ein gefülltes Wort ist besser als tausend leere; ein Lied, das mitten ins Herz trifft, ist besser als tausend, die ganz nett sind; einem Menschen aus der Krise zu helfen ist besser, als tausend gute Ratschläge zu geben; ein Tag in Gottes Gegenwart ist besser als tausend andere. Das Gute verhindert das Beste. Qualität ist entscheidend, nicht Quantität.

Aber das kann man einem jungen Mann noch nicht erzählen. Er kann nicht gleich die besten Früchte ernten, er muss das ganze Feld beackern. Er muss mit vielen unwichtigen Dingen seine Erfahrungen sammeln, sein Geld verdienen.

Begrenzte Lernfähigkeit

Auf einem Lobpreiskongress habe ich in einem Referat die Theorie aufgestellt, dass die musikalische Begabung durch Veranlagung und Förderung in der Kindheit zu einem großen Teil vorgegeben ist und nur noch in einem relativ kleinen Bereich, etwa zehn bis zwanzig Prozent, weiterentwickelt werden kann. Wenn hundert Prozent das Maximum ist, das man vielleicht Mozart zusprechen würde, dann kann ein Hochbegabter mit sechzig Prozent vielleicht durch viel Hingabe achtzig erreichen, ein Freizeitmusiker mit dreißig Prozent Sockelbegabung kann daraus vierzig bis fünfzig machen, je nachdem, wie tief er sich reinhängt. Mit dieser Theorie habe ich mir einige Probleme eingehandelt, weil natürlich jeder sich und andere einzuordnen versucht hat.

Mein Anliegen war aber nicht, das Urteilen und Vergleichen zu fördern (heute würde ich diese menschliche Grundtendenz stärker beachten!), sondern uns unsere Illusionen zu nehmen. Die meisten Musiklehrer würden mir meine Theorie sicher gerne bestätigen, nur sagen sie das nicht laut, weil sie sonst ihre Schüler verlieren.

»Ich will es aber unbedingt«, »Ich übe auch drei Stunden am Tag«: Das hört der Lehrer gerne, aber er weiß auch, wie scheinbar ungerecht Gottes Gaben verteilt sind. Der eine kann noch so viel wollen und üben – es wird immer stümperhaft bleiben. Der andere übt kaum, aber er hat einfach dieses Gefühl für Musik. Was immer er anfasst, es geht ihm mit Leichtigkeit von der Hand. Das ist mit Sport, Malerei, Rhetorik und vielem anderen ähnlich. Je älter wir werden, desto schwerer wird es, etwas Neues zu lernen. Das wissen auch die Fahrlehrer.

Wenn ein 50-Jähriger die Berufung zum Lobpreis spürt und ohne Vorkenntnisse Gitarre lernen und eine Band gründen will, dann spüre ich nicht nur die Verantwortung, ihn zu ermutigen, sondern auch die Verantwortung, ihm eine realistische Einschätzung zu geben. Zehn bis zwanzig Prozent sind viel! Es gibt nicht nur den Spitzensport, die große Bühne, die nationale Bedeutung. Gott ist es wichtig und wertvoll, dass wir unsere Gaben auch im kleinen Rahmen entwickeln und einsetzen: Für mein eigenes stilles Kämmerlein, für den Hauskreis oder den Verein. Vielleicht auch für die große Gemeinde oder regionale Veranstaltungen.

Qualität ist entscheidend, nicht Quantität.

Viele träumen aber von Bereichen, die sie nie erreichen werden. Auch diese Illusion müssen wir loslassen, sonst werden unsere Ambitionen keine Bereicherung, sondern eine Belastung für unsere Mitmenschen.

Ich habe noch eine Theorie, die ich genauso wenig beweisen kann: Gott gibt zwar nicht jedem gleich viel, wie Jesus im Gleichnis von den anvertrauten Talenten klarstellt (Matthäus 25,14ff). Aber er gibt jedem etwas Wertvolles. Jeder kann etwas daraus machen. Der mit den fünf Talenten hat sie verdoppelt, aber der mit den zweien auch! Beide haben ihre Möglichkeiten ausgeschöpft, wunderbar! Es gibt verschiedene Auslegungen, warum denn der mit dem einen Talent nichts daraus gemacht hat. Hier geht es mir um die Wertschätzung der kleinen, unscheinbaren Talente. Er hat vielleicht auf die zwei oder fünf seiner Kollegen gesehen und entmutigt aufgegeben. Das ist aber tragisch.

In Psalm 16,5-6 heißt es: »Du, Herr, gibst mir das Erbe und reichst mir den Becher; du hältst mein Los in deinen Händen. Auf schönem Land fiel mir mein Anteil zu. Ja, mein Erbe gefällt mir gut.« Das gilt doch nicht nur für die Schönen, Reichen und Begabten! Jedem von uns hat Gott sein Erbe gegeben. Dass wir es so unterschiedlich beurteilen, liegt an unseren verschobenen Maßstäben. Wir schauen auf die leuchtenden Gaben und erkennen gar nicht, dass oft mehr göttliche Kraft in den unscheinbaren Gaben liegt, z. B. soziale Kompetenz oder Zuverlässigkeit. Viele sind auch einfach vielseitig begabt. Nichts sticht heraus, aber sie können ihr Leben gut meistern und dabei noch anderen helfen.

Extreme Begabungen entstehen oft durch ein Defizit. Hochbegabte sind eigentlich einseitig Begabte. Sie haben meist eine ausgeprägte Schattenseite, die auf lange Sicht auch viel Schaden anrichten kann.

Wie auch immer – Psalm 16 weist uns den Weg zur Zufriedenheit: Ja, mein Erbe gefällt mir gut!

Ruhestand

Wagen wir aus Sicht der mittleren Jahre einen Blick ins höhere Alter. Wie werden wir die Jahre nach der Berufstätigkeit gestalten? Werden wir überhaupt gestalten, oder werden wir jammern und schimpfen, uns als Opfer fühlen?

Viele alte Menschen sind bitter. Wir haben eine Tendenz, sie zu bedauern oder verstehen zu wollen, im Sinne christlicher Nächstenliebe eine gute Sache. Aber haben sie nicht viele Weichen selbst gestellt? Und da wo der Zug einfach gefahren ist, ohne sie zu fragen, hätten sie da nicht wenigstens ihre innere *Einstellung* ändern können?

Alte Menschen sind eben nicht »unschuldig« wie Kinder. Die Summe vieler Entscheidungen, auch ihrer eigenen, hat sie dahin gebracht, wo sie jetzt sind. Ich verstehe nicht, wie alte Menschen sich zum Beispiel bitter über ihre Kinder beklagen können, ohne zu merken, dass die Klage auf sie selbst zurückfällt. Natürlich haben die Kinder ihren Anteil an der Beziehung, aber zuerst wurde diese von den Eltern geformt.

Es offenbart auch keine Reife, über das Auto oder das Haus zu schimpfen, das ich mir selbst gekauft habe, oder über meine selbst gewählten Tätigkeiten zu jammern.

Bis jetzt habe ich noch nicht von Krankheit gesprochen, aber selbst die wird den meisten nicht erspart bleiben. Was ist überhaupt Krankheit und Gesundheit? Wir sind doch keine Maschinen, die entweder funktionieren oder nicht und im zweiten Fall entweder repariert oder weggeworfen werden.

In Wahrheit wird unser Körper immer mehr nachlassen, und manches werden wir ab einem gewissen Punkt als Krankheit empfinden. Vielleicht kann die Medizin helfen, vielleicht nicht. In jedem Fall müssen wir irgendwann Krankheit und Tod annehmen.

Jetzt spreche ich junger Kerl natürlich als Blinder über das Sehen – oder vielmehr als Sehender übers Erblinden? Ich will einfach nur unseren Blick auf die ewigen Dinge lenken, die für die Augen sowieso unsichtbar sind.

Ich weiß nicht, ob es mir gelingt, aber so wäre ich gerne als alter Mann: zufrieden, im Frieden mit mir und meinem Schicksal, humorvoll, weise, mit offenen Augen und offenem Herzen. Ich wünsche mir, dass andere noch gerne in meiner Gegenwart sind, nicht weil sie sich verpflichtet fühlen oder dafür bezahlt werden.

Sonne steh still

Aber bis dahin ist es noch ein weiter Weg. Es tut weh, loszulassen und zu verzichten. Bei einem Urlaub am Meer habe ich für mich ein Bild gefunden, das dieses melancholische Gefühl des Loslassen-Müssens beschreibt: die unaufhaltsam untergehende Sonne.

Ich weiß nicht, ob irgendjemand auch diesen Wunsch kennt, die Sonne beim Untergehen anzuhalten. Im Urlaub, wenn ich traurig bin, dass schon wieder ein Tag zu Ende geht. Oder zu Hause, wenn ich schnell von der Arbeit aufspringe, um aus dem Dachfenster oder auf dem Hügel hinter unserem Haus noch die letzten Sonnenstrahlen zu erwischen. Es liegt eine süße Melancholie darin, ein Moment des Übergangs zwischen Tag und Nacht, Arbeit und Ruhe, Leben und Tod.

Es tut weh, loszulassen und zu verzichten.

Jeder von uns hat nur vierundzwanzig Stunden am Tag, 365 Tage im Jahr und vielleicht achtzig oder neunzig Jahre. Ich bin nun knapp über der Hälfte. Und ich will oft noch so viel, bekomme nicht genug. Aber meine Aufgabe ist es nicht mehr, meine Zeit immer mehr zu füllen, sondern in heiterer Gelassenheit immer mehr loszulassen. Das finde ich richtig schwer. Könnte nicht Gott ab und zu doch die Sonne anhalten …

Sonne steh still

Der rote Ball steht über dem Meer
Es geht so schnell, ich wollte noch mehr
Sehnsucht versinkt, Wehmut steigt auf
Die Nacht beginnt, es endet der Lauf
So rinnt der Sand durch meine Hand

Sonne steh still am Horizont
Bleib noch ein wenig, geh noch nicht fort
Es ist so viel noch unerreicht
Es bleibt so wenig von dieser Tageszeit
Gott, lehre mich, dass es reicht zur Zufriedenheit

Die Qual der Wahl, wie sage ich Nein?
so viel auf einmal stürmt auf mich ein
Wünsche erfüllt, doch Chancen verpasst
Ist, was ich will das, was zu mir passt?
So rinnt der Sand durch meine Hand

Sonne steh still am Horizont
Bleib noch ein wenig, geh noch nicht fort
Es ist so viel noch unerreicht
Es bleibt so wenig von dieser Jahreszeit
Gott, lehre mich den Verzicht und die Leichtigkeit

Ein graues Haar – Gott allein zählt
Wieder ein Jahr, so dreht sich die Welt
Was nimmt bei mir zu, und was nimmt ab?
Was wird gesagt an meinem Grab
So rinnt der Sand durch meine Hand

Sonne steh still am Horizont
Bleib noch ein wenig, geh noch nicht fort
Es ist so viel noch unerreicht
Es bleibt so wenig von meiner Lebenszeit
Gott, lehre mich das Gewicht deiner Ewigkeit

Text und Musik: Albert Frey
© 2010 FREYKLANG adm. by Gerth Medien, Asslar
Auf der CD »Urklang«

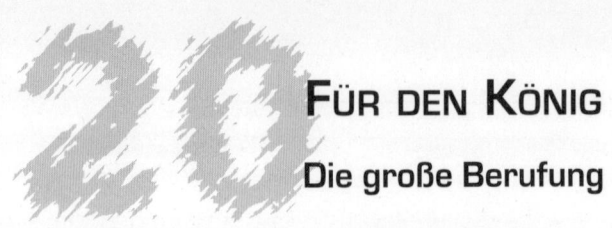

FÜR DEN KÖNIG

Die große Berufung

Für den Herrn

»Alles für den Herrn« nannte Xavier Naidoo vor einigen Jahren seine CD. Das war mutig in der säkularen Musikszene. Er hat dafür einmal mehr Spott riskiert. Seine Botschaft scheint ihm wichtiger zu sein, als von allen akzeptiert zu werden.

In Casting-Shows wird den Kandidaten regelmäßig eingetrichtert: Gib alles! Das führt zwar nicht immer zum Erfolg, manchmal auch zu peinlicher Übertreibung, aber es bringt eine Saite in uns zum Schwingen, die Gott angelegt hat. Der junge Mann, der Kämpfer und der Liebende, will alles geben. Der ältere merkt dann, dass *alles* doch nicht immer *alles* war. Aber wer weiß: Am Ende wird es vielleicht doch wieder alles sein, das von uns verlangt wird, und das wir dann auch zu geben bereit sind.

Zu Anfang dieses Buches und auch immer wieder zwischendurch habe ich davor gewarnt, dass wir als Männer an unsere Opferbereitschaft appellieren, gute Vorsätze fassen und Versprechen abgeben. Aber nun will ich genau das tun, in der Hoffnung, dass uns das ehrlicher, bewusster und ganzheitlicher gelingt. Wenn der Verstand überzeugt ist, das Gefühl beteiligt und der Wille entschlossen, dann können wir uns und unsere Welt wirklich zum Besseren verändern.

Für manche, die es gewohnt sind, alles auf Gott zu beziehen, mag im Laufe dieses Buches der Eindruck entstanden sein, mir ginge es sehr um menschliche und männliche Selbstentfaltung. Tatsächlich glaube ich, dass der Wille Gottes sich mit dieser Entfaltung weitgehend deckt. Aber ich will trotzdem am Ende ganz klarstellen, dass Gott Vorrang haben muss.

Wir können nicht immer selbst wissen, was gut für uns ist. Erst recht nicht können wir sehen, wie sich unser Leben auf andere auswirkt. Wir sehen nie das ganze Bild. Gott allein weiß, was wirklich gut für uns und für unsere Nächsten ist. Deshalb ist es entscheidend, dass wir Gott und sein Wort nicht nur als Inspirationsquelle für *unseren* Weg nehmen, sondern dass wir *seinen* Weg gehen, uns seiner Autorität unterordnen.

Wir haben beim Königsarchetyp betrachtet, was gute Autorität bedeutet. Die angemessene Reaktion darauf ist nicht nur Respekt und Gehorsam, sondern Hingabe. Es ist die in uns angelegte Bereitschaft, dem guten König zu dienen, sich selbstlos für ihn und seine Sache einzusetzen.

In vielen christlichen Gruppen steht solch eine Hingabe am Anfang des Glaubensweges, als Bekehrung, Taufe, Tauferneuerung oder Lebensübergabe. Das ist sehr wichtig und oft eine entscheidende Lebenswende. Ein klarer Start in das Abenteuer der Beziehung mit Gott hilft sehr auf dem Weg. Aber unterwegs geht uns diese Klarheit oft verloren. Wir lassen die Hingabe vermissen oder stellen sie infrage. Wir müssen immer wieder umkehren, von vorne anfangen.

Das ist die Erneuerung der Hingabe. Das kann in der täglichen persönlichen Zeit mit Gott geschehen, in Gottesdiensten oder eben auch auf Männertreffen. Wir erinnern uns an unsere höhere Berufung.

Die Musketiere stecken immer wieder ihre Klingen zusammen und rekapitulieren ihr Motto: Einer für alle, alle für einen! Für uns Christen ist der *eine* Jesus! Wir sind nicht nur eine Bruderschaft oder »Geschwisterschaft«, wir sind eine Gefolgschaft. Unser Herz weiß, dass es die wahre Erfüllung nicht in Selbstverwirklichung und eigener Ehre findet, sondern in der Selbstvergessenheit und in seiner Ehre.

Jeder hat mit seinen Gaben seinen Platz bei dieser kosmischen Aufgabe.

Wir sollten uns, besonders auch jungen Christen, nicht die Opferbereitschaft ersparen, sondern die Kräfte mobilisieren, die echte Überzeugung zu entfesseln vermag.

Für sein Reich

Das Reich Gottes steht für diese Vision einer besseren Welt, die uns die nötigen Opfer bringen lässt. Jesus hat in immer neuen Bildern die Faszination für dieses neue Reich geweckt. Dort regiert Gottes Liebe, dort regieren nicht die zerstörerischen Mächte unserer Welt. Dort sind alle Menschen gleich – geliebt, geachtet und wertgeschätzt. Dort werden Gegensätze vereint: Mann und Frau, Oben und Unten, Löwe und Lamm. Jesus verkörpert dieses Reich, aber wir brauchen etwas mehr als nur eine persönliche Jesusfrömmigkeit. Die Vision vom Reich Gottes hilft uns, jetzt schon umzudenken, unsere Welt hier und jetzt zu verändern.

Die besondere Fähigkeit der Männer, fürs große Ganze zu denken, sich für Prinzipien und Politik zu interessieren, müssen wir positiv nutzen! Der weibliche Ansatz sagt vielleicht: Fang bei dir selber an! Aber der männliche sagt: Bleib nicht bei dir selber stehen!

Gott braucht jeden, um sein Reich zu bauen. Jeder hat mit seinen Gaben seinen Platz bei dieser kosmischen Aufgabe. Das Reich Gottes ist nicht die Kirche, es ist viel größer. Es wird manchen Verantwortlichen in der Kirche nicht gefallen, aber unser Engagement darf sich nicht auf die Kirche beschränken. Klar, dort fangen wir an, dort bringen wir uns zuerst ein. Aber von dort geht es weiter.

Ein Kennzeichen von Gottes Reich ist Gerechtigkeit. Überall, wo wir uns für Gerechtigkeit einsetzen, verhelfen wir auch dem Reich Gottes zur Geltung. Klar, das tun andere Religionen und Weltanschauungen auch. Wir sollten es umso mehr, statt uns zurückzuziehen. Gerechte Löhne, Ausgleich zwischen Arm und Reich, Schutz von Ehe, Familie und Kindern, Umweltschutz – überall finden wir Reich-Gottes-Prinzipien. Auch wenn ich ein sparsameres Auto fahre oder Produkte aus Massentierhaltung meide, hat das mit dem Reich Gottes zu tun!

Viele engagieren sich ehrenamtlich oder verzichten im Beruf auf Bezahlung oder eigene Vorteile zugunsten des Reiches Gottes. Viele helfen anderen mit Beratung oder Tatkraft, nehmen Hilfsbedürftige im Haus, in der Familie auf. Viele spenden über den »Zehnten« hinaus, haben Patenkinder in armen Ländern der Welt. Das alles bedeutet Engagement »für den König«!

Für sein Schwert

Wir haben schon bei den Archetypen betrachtet, dass der Kämpfer dem König dient. Das Schwert steht für die kämpferische Seite des Königs. Die Bibel mutet uns ein Paradox bezüglich Kampf und Schwert zu. Micha 4,3 verheißt, dass Schwerter zu Pflugscharen werden – ein großes Symbol für Abrüstung und Gewaltlosigkeit. Auch Jesus weist Petrus an, das Schwert nicht zu gebrauchen (Matthäus 26,52). In Lukas 22,36 rät er dagegen den Jüngern, sich für den Kampf zu rüsten. In Offenbarung 19,5 sehen wir das Schwert sogar »aus seinem Mund« kommen.

Im Laufe der Geschichte Gottes mit seinem Volk wandelt sich das Verständnis des Schwertes. Am Anfang geht es noch in blutigen Kämpfen um den Überlebenskampf des kleinen Volkes, das Gott erwählt hat, um sich zu offenbaren. Bereits bei den Propheten und ganz ausgeprägt bei Jesus bricht die neue Zeit der Gewaltlosigkeit an. Aber das Schwert verschwindet nicht, es bekommt eine übertragene Bedeutung. Es ist das Schwert des Geistes. Wir kämpfen nicht mit Fleisch und Blut, sondern gegen die dahinterstehenden Mächte des Bösen, auf einer geistlichen Ebene (Epheser 6,12). Das wurde in der Geschichte bis heute so oft falsch verstanden. Unsere Feinde sollen wir lieben! Das Schwert steht für Unterscheidung. Wir müssen trennen zwischen Seele und Geist (Hebräer 4,12), Mensch und Sünde.

Das Schwert ist das *Wort Gottes* (Epheser 6,17). Das verweist uns zuerst auf Jesus selbst, der das Wort ist (Johannes 1) und für uns kämpft, zum anderen auf die Heilige Schrift als scharfe Waffe der objektiven Wahrheit Gottes statt unserer subjektiven Wahrnehmung. So antwortet auch Jesus dem Versucher mit Schriftzitaten (Matthäus 4,7).

Etwas weiter gefasst, dürfen wir darunter auch allgemein die Macht des Wortes verstehen. Treffende Worte haben mehr Kraft als alle Waffen der Welt. Sie können zerstören und aufbauen. Im Dienste Gottes bauen auch unsere Worte sein Reich und decken die Werke der Finsternis auf (Epheser 5,11).

Auch ohne Gewalt sind wir Krieger, »Krieger des Lichts«, wie es die Band »Silbermond« besingt und damit der antiautoritär erzogenen Generation in ihrer Sehnsucht nach dem guten Kampf aus der Seele spricht. Das ist auch archetypisch sehr wichtig. Wir schneiden den Kämpfer nicht ab, sondern bringen ihn auf eine höhere Ebene, nutzen seine Energie für die Verteidigung und den Aufbau des Reiches Gottes. Welche Kämpferenergie braucht es, die andere Wange hinzuhalten, nicht vom Kreuz herabzusteigen!

Für sein Volk

Gerade noch habe ich dem Reich Gottes den Vorrang vor der Kirche gegeben, nun will ich doch unsere Vision für die Gemeinschaft der Gläubigen stärken. Wir dienen dem König nicht allein, sondern in Gemeinschaft.

Wenn wir ihm dienen, dann dienen wir auch seinem Volk und umgekehrt. Wir sind die Braut in diesem kosmischen Abenteuer. Archetypischer geht es nicht mehr: Der Königssohn erkämpft mit seinem Leben die Braut, um sie zur ewigen Hochzeit zu führen. Es kommt mir vor, als wären alle Märchen, Mythen, Legenden und Geschichten der Menschheit nur kleine, mehr oder weniger gelungene Variationen von dieser einen großen Geschichte.

Wir sind die *ecclesia*, die Herausgerufenen des Königssohnes. Schauen wir uns dieses gewaltige Heer an, aus allen Zeiten, Völkern und Sprachen. Gerade wenn wir nicht nur unsere eigene Gemeinde oder Konfession sehen, kann uns die Vorstellung vom Volk Gottes motivieren, ja faszinieren. Wir wünschen uns dann von Herzen, dass noch viel mehr herausgerufen werden, sich uns anzuschließen.

Mit der Bruderliebe fängt es an: »Liebt einander, so wie ich euch geliebt habe (Johannes 15,12).« Die Zwölf, die Urgemeinde, das Volk Gottes bis heute. In diesem Sinne sollten wir die Kirche lieben. Nicht zuerst unser Gebäude, unsere Rituale, unser System. Sondern unsere Großfamilie, die unterschiedlichsten Menschen, die wir uns gar nicht ausgesucht hätten. Aber Gott hat sie ausgesucht. Wir gehören zusammen. Dafür stehen wir. Wenn die Welt das doch nur besser erkennen könnte!

Die große Berufung

Die beste Männerarbeit ist Nachfolge Jesu. Ich meine allerdings den echten, überraschenden, provozierenden Jesus, nicht das kleine, unvollständige Bild, das wir bisher von ihm haben. Für den König lieben, für den König kämpfen, mit dem König herrschen und seine Weisheit weitergeben. Wir haben eine großartige Berufung. Ergreifen wir sie, tragen wir unseren Teil bei, damit sein Reich kommt und sein Wille geschieht, wie im Himmel, so auf Erden.

Männer für den König!

Für den König

Für den König, für den Herrn
Für ihn geben wir uns hin
Seine Ehre unser Ziel
Nichts bedeutet uns jemals so viel
Für den König, für sein Reich
Alle Menschen sind hier gleich
Lamm und Löwe sind vereint
Und das Licht der Gerechtigkeit scheint

Alle Ehre König Jesus
Unsre Herzen, sie fliegen dir zu
Wir erheben deinen Namen
Der allein wahre König bist du

Für den König, für sein Schwert
Das den Feind das Fürchten lehrt
Unsre Freiheit garantiert
Uns zum Schutz unsre Grenzen markiert
Für den König, für sein Volk
Für die Heerschar, die ihm folgt
Ihm, der uns sein Leben gibt
Lasst uns lieben, so wie er uns liebt

Alle Ehre König Jesus
Unsre Herzen, sie fliegen dir zu
Wir erheben deinen Namen
Der allein wahre König bist du

Text und Musik: Albert Frey
© 2005 FREYKLANG adm. by Gerth Medien, Asslar
Auf der CD »Für den König«

LITERATURVERZEICHNIS

Ich lese mit großem Gewinn, aber auch grundsätzlich kritisch (Männer-) Bücher, auch von nicht christlichen Autoren oder solchen, die für ein breiteres, spirituell interessiertes Publikum schreiben. Meine Erfahrung ist, dass scheinbare Gegenpositionen zur christlichen Lehre oft (Über-) Reaktionen auf die Sünden der Kirchen sind. Ich bewerte die Aussagen dieser Bücher aufgrund meines biblisch-christozentrischen Glaubens. Für Männergruppen oder Männer, die neu im Glauben sind, würde ich nicht alle zitierten Bücher uneingeschränkt empfehlen.

1 Richard Rohr: Vom wilden Mann zum weisen Mann.
  Claudius Verlag, München 2006
2 John Eldredge: Der ungezähmte Mann.
  BrunnenVerlag, Basel/Gießen 2003
3 Stephen R. Covey: Die sieben Wege zur Effektivität.
  GabalVerlag, Offenbach 1989/2005
4 Robert Bly: Eisenhans. Ein Buch über Männer.
  Kindler, München 1991
5 C.S. Lewis: Was man Liebe nennt. Zuneigung, Freundschaft, Eros, Agape. Brunnen Verlag, Basel/Giessen 1979
6 Henri Nouwen: Dem vertrauen, der mich hält.
  Herder-Verlag, Freiburg/Basel/Wien 2003
7 Manfred Lanz: Leben in der Liebe des Vaters.
  SCM. R.Brockhaus/Edition Aufatmen, Witten 2009
8 Nick Page/Andreas Melassa: Lobpreis wie Popcorn?
  SCM R.Brockhaus, Witten 2008
9 Michael L. Moeller: Die Wahrheit beginnt zu zweit.
  Das Paar im Gespräch. Rowohlt Verlag, Reinbek 1997
10 C.S. Lewis: Dienstanweisung für einen Unterteufel.
  Verlag Herder, Freiburg/Basel/Wien 1958/2011
11 C.S. Lewis: Das Gewicht der Herrlichkeit.
  Brunnen Verlag, Basel/Gießen 1982/2005
12 Gary L. Thomas: Neun Wege, Gott zu lieben.
  SCM R.Brockhaus/Edition Aufatmen, Witten 2005

Thomas Härry

Voll vertrauen – Erfahren, wie Gott mich trägt

Vertrauen ist das zentrale Thema, wenn es um unseren Glauben geht. Doch sich auch in schwierigen Situationen in die Arme Gottes fallen zu lassen, ist oft nicht einfach.

In seinem neuen Buch stellt Thomas Härry den Kampf dar, dem wir täglich ausgesetzt sind: Können und wollen wir Gott trauen? In welchen Bereichen sind wir besonders herausgefordert? Und welches Geschenk liegt darin, vertrauen zu können?

Entdecken Sie ganz praktisch und auch in Ihrem Leben, was Vertrauen heißt!

Gebunden, 13,5 x 20,5 cm, ca. 160 S.
Nr. 226.443

SCM R.Brockhaus

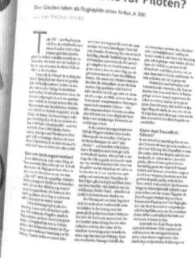